Natürlich gärtnern
nach dem Mond

Wiebke Krabbe

Natürlich GÄRTNERN nach dem Mond

Zum richtigen Zeitpunkt säen, pflanzen, pflegen, ernten

Mit großem Mondkalender bis 2005

MOEWIG

BILDNACHWEISE

www.bildarchiv.com (Seite 4, 8, 9, 12, 13, 23, 26, 33, 36, 37, 38, 41, 42, 43, 44, 46, 47o, 47u, 49, 50/51, 52, 54, 58, 59, 61, 62, 65, 66, 68, 69, 70, 73, 76, 79, 80, 81, 82, 83, 84, 85, 86, 88, 89, 90/91, 92, 93, 95, 99, 100, 101, 102, 104, 106, 107o, 107u, 108, 198, 110, 111, 113, 114, 116 und 119)

Dr. Merit Ludwig (Seite 5, 6/7, 16, 18/19, 20, 27, 29, 34, 45, 53, 55, 57, 60, 64, 67, 71, 77, 82, 112, 117, 117o, 117u, 128)

photoactive (Seite 21, 22, 24, 28, 30o, 30u, 39, 40, 48, 63, 72, 74, 75, 78, 94, 96, 97, 98, 103 und 105)

Hinweis: Die Ratschläge und Empfehlungen dieses Buchs wurden nach bestem Wissen und Gewissen erarbeitet und sorgfältig geprüft. Dennoch kann eine Garantie nicht übernommen werden. Eine Haftung der Autorin, des Verlags oder seiner Beauftragten für Personen-, Sach- oder Vermögensschäden ist ausgeschlossen.

© Pabel-Moewig Verlag KG, Rastatt
www.MOEWIG.de
Text: Wiebke Krabbe (für Lesezeichen Verlagsdienste)
Konzept, Layout: Lesezeichen Verlagsdienste, Köln
Grafik: Carmen Strzelecki (für Lesezeichen Verlagsdienste)
Umschlagmotir: Imagine, Superbild

Printed in Portugal
ISBN 3-8118-1745-0

INHALT

Die Sache mit dem Mond

Uraltes Wissen um den Mond fasziniert immer mehr „moderne" Menschen. Eine Hand voll Grundregeln sind schnell gelernt, wenn man sich auf das Thema einlässt.

Einleitung

Seit jeher übt der Mond auf uns Menschen eine besondere Faszination aus. Vielleicht, weil er uns von allen Himmelskörpern am nächsten ist – vielleicht, weil wir sein sich veränderndes Gesicht Tag für Tag beobachten können; vielleicht aber auch, weil sein Einfluss auf das Erdenleben für den sensiblen Menschen konkret zu spüren ist.

Schon vor Tausenden von Jahren erleichterte der Mond nicht nur Jägern und Nomaden die Orientierung bei Nacht, sondern mit seiner Hilfe konnte man die scheinbar endlose Aufeinanderfolge von Tagen und Nächten in Einheiten einteilen, nämlich in Monate.

Hatte der Mond erst einmal die Aufmerksamkeit des Menschen auf sich gezogen, dauerte es nicht lange, dass man seinen Einfluss auf die Erde, vor allem

Die ungeheuren Kräfte des Mondes lassen in Verbindung mit dem Wind die Wellen entstehen.

auf die Vorgänge der lebenden Natur, das Wachsen und Gedeihen der Pflanzen ausmachte. In der Tat bestätigen jahrhundertealte Beobachtungen, dass der Mond in seinen jeweiligen Phasen auf bestimmte Pflanzenteile wirkt, auch wenn dies mit modernen wissenschaftlichen Methoden nicht immer nachweisbar ist. Dieses Wissen um die Kraft des Mondes wurde über Generationen hinweg überliefert. Mit dem Aufkommen der modernen Landwirtschaft geriet dieser reiche Erfahrungsschatz in Vergessenheit, doch heute besinnt man sich wieder auf den naturnahen Umgang mit

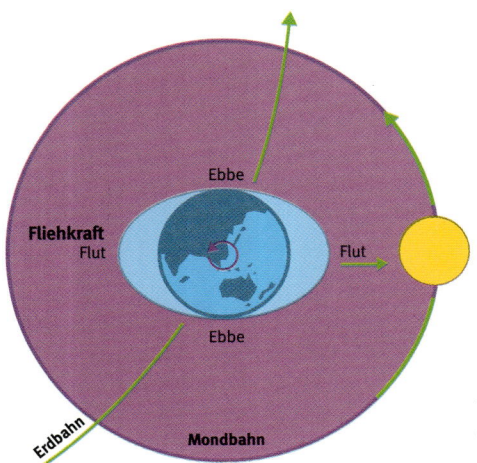

Wo der Mond das Wasser anzieht, entsteht Flut – ebenso auf der dem Mond gegenüberliegenden Seite der Erde. Zwischen den „Wasserbergen" ist Ebbe.

Boden und Pflanzen zurück. Die meist mündlich überlieferten Weisheiten der Astrologie sind aus unserer heutigen, zumeist Technik-gläubigen Gesellschaft nicht wegzudenken.

Die physikalisch erklärbare, messbare Kraft des Mondes ist schier unglaublich, denn er hebt die Weltmeere um bis zu 15 m in die Höhe. Wie Ebbe und Flut zustande kommen, sehen Sie in einer Grafik *(Seite 8 unten)*.

Mondphasen

Wie wir alle wissen, leuchtet der Mond nicht selbst, sondern er reflektiert nur das Sonnenlicht, das auf ihn fällt. Für eine Erdumrundung braucht er 27 Tage, 7 Stunden, 43 Minuten und 11,5 Sekunden. Dabei dreht er sich selbst einmal um die eigene Achse, sodass er der Erde immer die gleiche Seite zuwendet.

So entsteht eine Sonnenfinsternis: Der Mond befindet sich exakt auf einer Achse zwischen Sonne und Erde; er wirft seinen Schatten auf einen kleinen Bereich der Erdoberfläche.

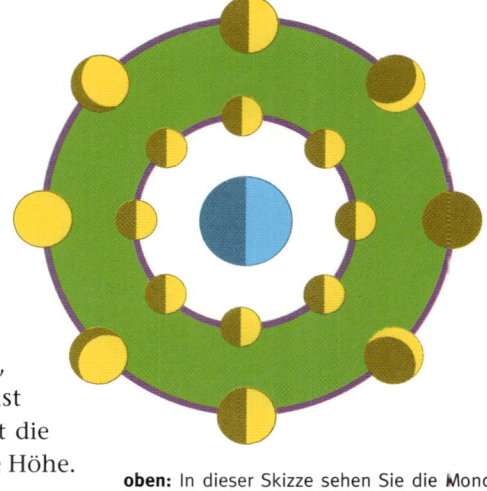

oben: In dieser Skizze sehen Sie die Mondphasen. Von rechts strahlt Sonnenlicht auf Mond und Erde. Im inneren Kreis ist der Mond wie aus dem All zu sehen, also von außen: Es wird immer die der Sonne zugewandte Hälfte beschienen. Im äußeren Kreis ist die Ansicht von der Erde aus abgebildet.

unten: Eine partielle Sonnenfinsternis; der Mond schiebt sich langsam vor die Sonne.

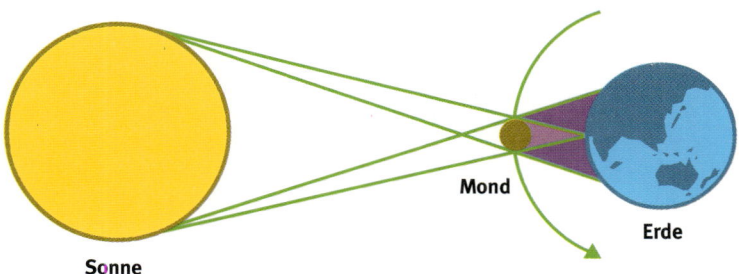

Sonne

Mond

Erde

Aber nur bei Vollmond sieht man sein ganzes „Gesicht", in der übrigen Zeit sorgt der Erdschatten dafür, dass immer nur ein Teil der Mondoberfläche das Sonnenlicht reflektieren kann.

Das wechselnde Bild, das der Mond von der Erde aus bietet, unterteilen wir in vier Zeitabschnitte, die **Mondphasen** genannt werden. Steht der Mond zwischen Erde und Sonne, kann seine der Erde zugewandte Seite kein Sonnenlicht reflektieren. Dann ist er von der Erde aus nicht zu sehen (Neumond).

Setzt der Mond seine Umlaufbahn fort, verschiebt sich der Schatten der Erde auf seiner Oberfläche, und wir sehen den zunehmenden Mond als schmale, nach links geöffnete Sichel, die langsam immer voller wird. Hat der Mond die Hälfte seiner Umlaufbahn zurückge-

legt, befindet sich die Erde zwischen Sonne und Mond. Die ganze der Erde zugewandte Seite wird nun beschienen und reflektiert das Sonnenlicht, wir sehen den Vollmond als runde Scheibe am Himmel.

Im letzten Abschnitt seines Umlaufes schiebt sich von rechts der Erdschatten langsam auf seine Oberfläche, wir sehen bei abnehmendem Mond also eine nach rechts geöffnete Mondsichel.

Die Sternzeichen

Von der Erde aus betrachtet durchläuft der Mond – ebenso wie die Sonne – die zwölf Zeichen des Tierkreises. Die Sonne braucht dafür ein Jahr und verweilt etwa einen Monat lang in jedem Tierkreiszeichen. Der Mond dagegen durchläuft den Tierkreis in knapp 28 Tagen und hält sich nur zwei bis drei Tage in jedem Zeichen auf.

In der *Astrologie* wird der Tierkreis als große Scheibe oder als Kreis dargestellt, wie eine gewaltige Uhr in zwölf Segmente von je 30° unterteilt, denen jeweils eines der Tierkreiszeichen zugeordnet ist *(siehe Grafik links, innen)*.

Die tatsächlich beobachtbare Position der Tierkreiszeichen weicht um einige Grade von dieser Einteilung ab, weil hier die tatsächliche Zeit berücksichtigt wird, in der der Mond durch ein bestimmtes Zeichen wandert. Wir sehen den Mond also z. B. noch im Steinbock, obwohl er nach astrologi-

scher Berechnung bereits im Wassermann steht. Da die astrologische Einteilung seit jeher zu Rate gezogen wird
und sich bewährt hat, basiert auch der
Mondkalender im Anhang dieses Buchs
auf der astrologischen Einteilung.

Je drei der zwölf Tierkreiszeichen
ordnet man einem der vier so genannten Urelemente Feuer, Wasser, Erde und
Luft zu. Durch diese Elemente teilen
sich die Impulse der Tierkreiszeichen
den Lebewesen auf der Erde mit. Die jeweils drei Tierkreiszeichen, die demsel-
ben Element zugeordnet sind, stehen
auf dem Tierkreis in einem Winkel von
120° zueinander. Verbindet man sie mit
geraden Linien, entsteht ein gleichseiti-
ges Dreieck, ein so genanntes Trigon
(siehe Grafik rechts). Auf seiner Bahn
durch den Tierkreis aktiviert der Mond
in stetigem Wechsel die Kräfte dieser
Trigone und ihrer Elemente.

Dem Element **Wasser** werden die
Zeichen Krebs, Skorpion und Fische zu-
geordnet. Zum Element **Erde** rechnet
man die Zeichen Stier, Jungfrau und
Steinbock. Das Element **Feuer** umfasst
Widder, Löwe und Schütze. Zum Ele-
ment **Luft** zählen die Tierkreiszeichen
Zwillinge, Waage und Wassermann.

DER MOND

Kranke Pflanzenteile sollte man bei Neumond abschneiden. Die Pflanze erholt
sich dann besonders schnell wieder.

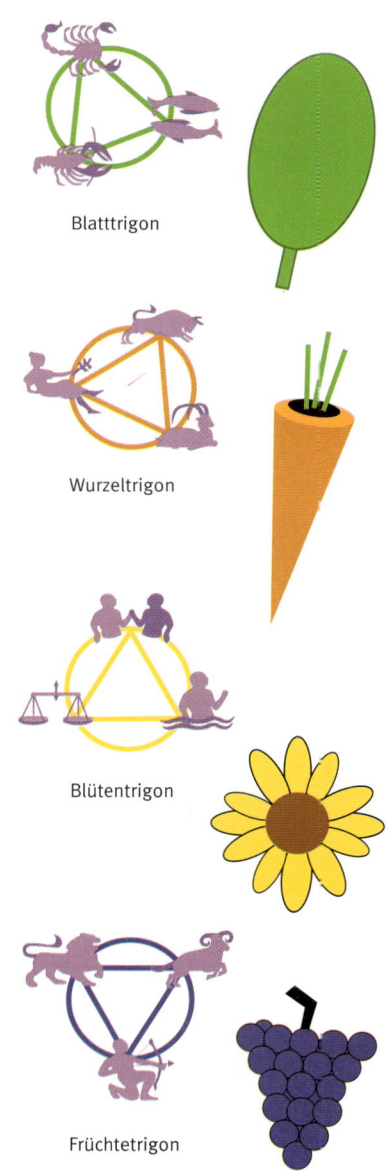

Blatttrigon

Wurzeltrigon

Blütentrigon

Früchtetrigon

DER MOND

Sät man Rasen bei zunehmendem Mond, keimen die Samen schneller. Mäht man den Rasen bei zunehmendem Mond, wächst er schnell nach.

Die Impulse des Mondes

Für jeden Tag des Jahres lässt sich die Position des Mondes berechnen und feststellen, in welcher Phase er sich befindet und welches Tierkreiszeichen er gerade durchläuft. (Ein Mondkalender befindet sich im Anhang dieses Buches, *Seite 120–127*). Die Mondphasen haben durch die unterschiedliche Anziehungskraft des Mondes Einfluss auf die Erde. Wenn er ein bestimmtes Tierkreiszeichen durchläuft, aktiviert der Mond entsprechend dem dazugehörigen Urelement Kraftimpulse, die wiederum auf das Leben auf der Erde wirken.

Diese Impulse wirken auch auf uns Menschen, sodass wir beispielsweise mehr oder weniger konzentriert oder leistungsfähig sind, leicht oder schwer Kontakte knüpfen usw. Sie wirken auf die Gesundheit, weil jedes Element auch bestimmten Körperregionen zugeordnet ist. Je nach Mondstand sind die Anfälligkeiten verschiedener Körperbereiche unterschiedlich hoch und wirken Heilmittel mehr oder weniger gut. Selbst die Verwertung der Grundnährstoffe hängt zu einem gewissen Grad mit dem Mondstand zusammen.

Mondphasen und Pflanzen

Der Neumond ist quasi die Nullstellung des Mondzyklus. Es ist eine Phase der Neuorientierung und des Neubeginns in der Natur, in der reichlich Kraft für den nun folgenden Zyklus des Wachsens und Reifens zur Verfügung steht.

Bei zunehmendem Mond nehmen auch die auf die Pflanzen wirkenden Kräfte des Mondes zu. Die Säfte der Pflanzen steigen nach oben, die Erde atmet gleichsam aus und gibt Energie nach außen ab. Darum ist der zunehmende Mond die günstigste Zeit zum Säen, Vermehren und Umtopfen aller Pflanzen, bei denen das Hauptaugenmerk den über der Erde befindlichen Teilen gilt. Auch auf Pflegemaßnahmen sprechen die Pflanzen jetzt gut an.

Bei Vollmond steht der Mond der Sonne genau gegenüber. Seine gesamte

Alle Pflanzen, deren Blüten uns besonders interessieren, werden dem Element Luft zugeordnet.

der Erde zugewandte Oberfläche wird angestrahlt, und seine Kräfte sind von vielen Menschen intensiv zu spüren. Wer bei Vollmond im Garten arbeitet, läuft Gefahr, seinen Pflanzen zu viel zuzumuten. Andererseits ist der Vollmond der ideale Zeitpunkt für eine Düngung, weil die Aufnahmebereitschaft der Erde jetzt sehr groß ist. Auch Heilkräuter werden bei Vollmond geerntet.

Wenn der Mond nun auf seiner Bahn weiterzieht und – aus unserer Sicht – abnimmt, verringert sich der „Druck", den seine Kraft auf die Erde ausübt. Die Erde öffnet sich, sie atmet gleichsam ein und nimmt auf. Die Säfte der Pflanzen können abwärts fließen, und das Wurzelwachstum wird angeregt. Dünger, der bei Vollmond gegeben wurde, kann während der gesamten Phase des abnehmenden Mondes von der Erde aufgenommen werden.

Eine ungünstige Zeit für die Pflanzenpflege sind allerdings die Stunden, die in unmittelbarer Nähe des Mondwechsels liegen und auch Mondbruch genannt werden. Die Begriffe Vollmond und Neumond beziehen sich letztlich nur auf ein sichtbares Phänomen, tatsächlich ist der Mondbruch jeweils der Moment, in dem der Wechsel zwischen dem Abnehmen und Zunehmen stattfindet. Während dieser Phase müssen sich die Kräfte neu orientieren. Gönnen Sie sich und Ihren Pflanzen zu dieser Zeit einfach etwas Ruhe.

Bei abnehmendem Mond ist die Erde aufnahmebereit. Dann ist der richtige Zeitpunkt zum Düngen und Bewässern.

> **DER MOND**
>
> **Bei Vollmond keine Gehölze schneiden! Der Saftverlust kann dann so groß sein, dass sie absterben.**

Die Tierkreiszeichen und die Pflanzen

Den vier Elementen, die mit den Tierkreiszeichen verknüpft sind, werden vier Pflanzengruppen zugeordnet. Das Element Wasser entspricht den Blattpflanzen, das Element Erde den Wurzelpflanzen, das Element Feuer entspricht den Fruchtpflanzen und das Element Luft den Blütenpflanzen *(s. Grafik S. 11).*

Im jährlichen Durchlauf der Sonne durch den Tierkreis gibt es zwei Wendepunkte. Bis zur Sommersonnenwende am 21. Juni, die am Ende des Tierkreiszeichens Zwillinge liegt, werden die Tage länger. Die Sonne hat ihren höchsten Jahresstand also in dem Tierkreiszeichen, das von der Erde aus gesehen am höchsten steht. Von der Sommersonnenwende an verkürzen sich die Tage bis zur Wintersonnenwende am 21. Dezember, am Ende des Schützen, dem von der Erde aus gesehen niedrigsten Tierkreiszeichen.

Der Mond vollzieht denselben Durchlauf, jedoch nicht innerhalb eines ganzen Jahres, sondern in etwa 28 Tagen. Den Weg vom „niedrigen" Schützen über Steinbock, Wassermann, Fische, Widder und Stier bis zu den „hohen" Zwillingen bezeichnen wir als aufsteigenden Mond, den Weg von den Zwillingen über Krebs, Löwe, Jungfrau, Waage und Skorpion bis zum Schützen als absteigenden Mond.

In alten Bauernkalendern findet man für den absteigenden Mond auch die Bezeichnung Pflanzmond, während der aufsteigende Mond auch Erntemond genannt wird. Aus diesen Begriffen lässt sich ableiten, dass der auf- bzw. absteigende Mond gute Alternativen bietet, wenn sich eine Arbeit einmal nicht zum idealen Termin ausführen lässt.

Der Wechsel zwischen aufsteigendem und absteigendem Mond findet in den Zeichen Schütze und Zwillinge statt. Während dieser Zeit ändern die Kräfte ihre Richtung, ähnlich wie auch beim Vollmond und Neumond. Weil es schwierig ist, die Wirkungsweise der Kräfte in dieser Zeit zuverlässig einzuschätzen, sollte man in diesen Tagen keine allzu tiefgreifenden Maßnahmen in Angriff nehmen.

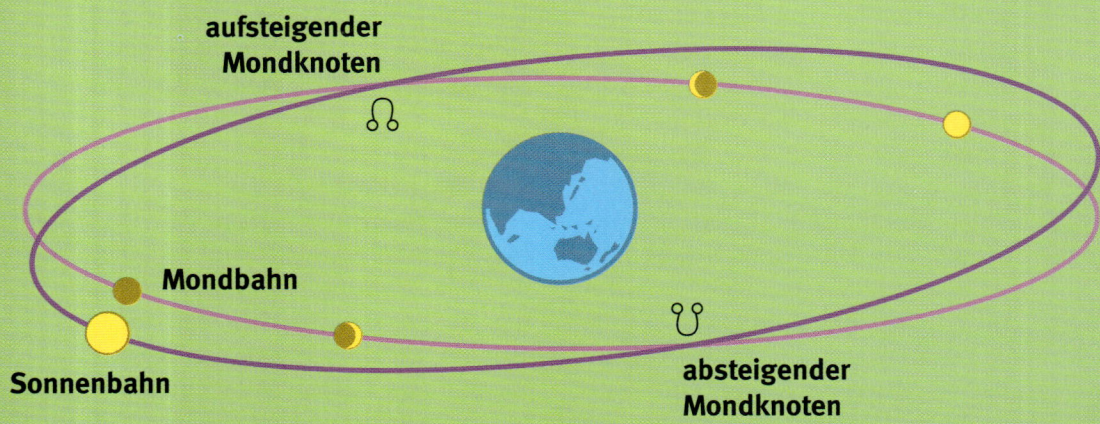

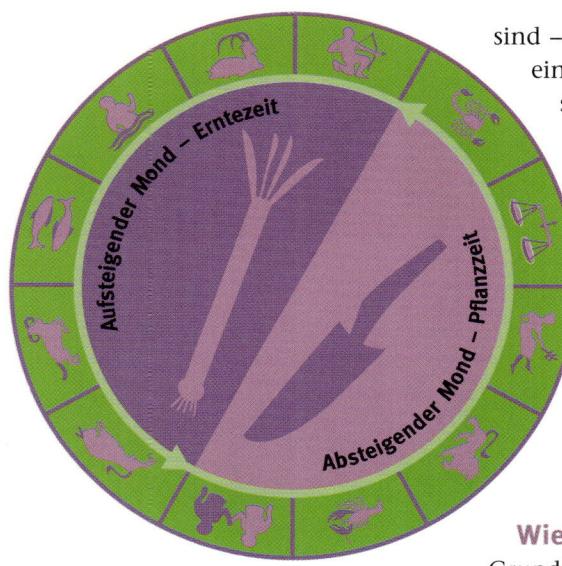

Die Phase des aufsteigenden Mondes ist ideal zum Ernten; während des absteigenden Mondes wird vorzugsweise gepflanzt und gesät.

Nun hat natürlich fast jede Pflanze Wurzeln, Blätter, Blüten und Früchte. Im Garten legen wir aber bei den meisten Pflanzen nur auf einen speziellen Teil besonderen Wert.

Beim Salat interessieren uns primär die Blätter, die Wurzeln schneiden wir ab, Blütenbildung ist hier sogar unerwünscht und wird nach Kräften verhindert, sodass eine Fruchtbildung nicht zu Stande kommen kann. Folglich wird der Salat den Blattpflanzen zugeordnet.

Beim Sellerie dagegen legen wir Wert auf die verdickte Knolle, während die übrigen Bestandteile eher zweitrangig

sind – hier haben wir es eindeutig mit einer Wurzelpflanze zu tun. Blumen säen und pflanzen wir wegen der schönen Blüten, sie fallen also auch in Bezug auf die Elemente in die große Gruppe der Blütenpflanzen.

Und bei Obst und vielen Gemüsesorten wollen wir vorrangig die Früchte ernten, also handelt es sich um Fruchtpflanzen. Die berauschende Blüte der Obstbäume ist meist nur eine „Zugabe".

Wie hilft der Mond im Garten?

Grundsätzlich kann natürlich der Mond keine *tätige* Hilfe bieten. Wir müssen schon selbst aktiv werden und uns seiner Bewegung und der damit verbundenen Wirkungen bewusst werden. Dann jedoch können wir das Wissen um die Impulse des Mondes nutzen, indem wir bei der Planung anstehender Gartenarbeiten einen Blick in den Mondkalender werfen, um festzustellen, an welchem Tag bestimmte Arbeiten ganz besonders sinnvoll sind.

Grundregeln

Wer sich erstmals intensiv mit dem Mond und seinen Einflüssen beschäftigt, wird all die verschiedenen Impulse und Kräfte zunächst verwirrend finden. Doch für den Anfang genügt es, sich einige Grundregeln gut einzuprägen:

15

Ober- oder unterirdisch?

Wenn es um das Säen und Pflanzen geht, sollte man sich die Frage stellen, ob den oberirdischen oder den unterirdischen Teilen der Pflanze mehr Bedeutung zukommt:

1) Pflanzen, deren für uns wesentliche Teile oberhalb der Erde liegen, sät oder pflanzt man am besten bei zunehmendem Mond. Der Mond hat in dieser Zeit eine stärkere Anziehungskraft, und die Erde reagiert darauf mit Freisetzung von Energie nach außen. Beide Impulse unterstützen das Wachstum der oberirdischen Pflanzenteile.

2) Pflanzen, deren wesentliche Teile unter der Erde liegen, sät oder pflanzt man am besten bei abnehmendem Mond. In dieser Zeit verringert sich die Anziehungskraft des Mondes, die Erde richtet ihre Energien nach innen und unterstützt so das Wachstum unter der Erdoberfläche.

Welcher Teil der Pflanze?

Will man sich an den Tierkreiszeichen orientieren, muss man sich zunächst mit seinen Erwartungen an die Pflanze beschäftigen. Auf welchen Teil kommt es besonders an, welcher Teil wird verwertet? Je nachdem, welches Tierkreiszeichen der Mond gerade durchläuft, empfangen unterschiedliche Teile der Pflanze seine positiven Impulse:

1) Sollen sich die Früchte besonders gut entwickeln, wird an einem Fruchttag

Lernen Sie, im Einklang mit der Natur zu gärtnern.

gesät oder gepflanzt. Fruchttage sind diejenigen Tage, an denen der Mond die Luftzeichen Widder, Löwe und Schütze durchläuft. Wichtig ist hierbei, Früchte nicht mit Obst gleichzusetzen – alle Pflanzen, die aus der Blüte nach der Bestäubung eine Frucht bilden, fallen in diese Gruppe, also auch Gemüse wie Tomaten, Paprika oder Auberginen, Bohnen, Erbsen und viele andere.

2) Wenn das Hauptinteresse des Gärtners der Wurzel einer Pflanze gilt, plant man Aussaat oder Pflanzung an einem Wurzeltag ein, also wenn der Mond die Erdzeichen Stier, Jungfrau oder Steinbock passiert. In diese Gruppe fallen vor allem die Wurzelgemüse wie Karotten und Radieschen, aber auch Heilkräuter wie Baldrian oder Meerrettich, deren Wurzeln (und nicht die Blätter) verwertet werden sollen. Die Kartoffeln, die streng genommen Speicherknollen sind, bilden jedoch eine Ausnahme: Saatkartoffeln legt man im Idealfall kurz nach dem Vollmond in die Erde.

3) Wem besonders an den Blättern einer Pflanze liegt, der sät oder pflanzt ent-

sprechende Arten an einem Blatttag, also wenn der Mond die Wasserzeichen Krebs, Skorpion oder Fische durchläuft. Neben den Blattgemüsen gehören in diese Gruppe auch Funkien, Farne und andere Zierpflanzen, bei denen das Blattwerk im Vordergrund steht. Ebenfalls in diese Gruppe fallen die zahlreichen Heilkräuter, deren Blätter verwertet werden, beispielsweise Pfefferminze, Rosmarin oder Salbei.

4) Und wem es um die Blüten geht, der wählt zur Aussaat die Lufttage, in denen sich der Mond in den Luftzeichen Zwillinge, Waage und Wassermann befindet. Zunächst denkt man hier natürlich zuerst an einjährige Sommerblumen und Blütenstauden, doch auch einige Gemüsepflanzen wie Artischocken und Brokkoli gehören in diese Gruppe.

Eine Garantie für optimales Gedeihen kann der Mond selbstverständlich nicht geben, denn das Wachsen und Blühen im Garten hängt von vielen weiteren Faktoren ab. Wichtig ist es, auch die biologischen Zusammenhänge im Garten zu verstehen, seinen Bodentyp und das Mikroklima des Grundstücks zu kennen,

sich für die Bedürfnisse verschiedener Pflanzen zu interessieren. Doch wer beim Pflanzen und Pflegen den Rhythmus des Mondes im Auge behält, unterstützt das gesunde Wachstum und leistet zudem einen wichtigen Beitrag zum Schutz der Umwelt, denn kräftige, gesunde Pflanzen brauchen keine oder nur sehr wenige chemische Pflanzenschutz- und Düngemittel.

Außerdem hilft das Beobachten des Mondes und seiner Bahn dabei, ein Gefühl für die Veränderungen in der Natur, für die Jahreszeiten und auch für das eigene Befinden zu bekommen.

WAS SÄT MAN WANN?

ELEMENT	PFLANZENTYP	WUCHSRICHTUNG	OPTIMALE MONDPHASE	BEISPIEL
Feuer	Frucht	oberirdisch	zunehmender Mond	alle Obstsorten, Tomaten, Paprika, Auberginen, Erbsen, Bohnen, Gurken, Zucchini, Kürbis
Wasser	Blatt	oberirdisch	zunehmender Mond	alle Kopfkohlsorten, Spinat, Mangold, Kresse, Fenchel, Stangensellerie
Erde	Wurzel	unterirdisch	abnehmender Mond	Mohrrüben, Radieschen, Knollensellerie, Rote Bete, Rettich, Pastinaken
Luft	Blüte	oberirdisch	zunehmender Mond	alle blühenden Zierpflanzen, Artischocken, Brokkoli, Blumenkohl

17

Der gesunde Garten

Auch fürs Umgraben, Düngen und Jäten gibt es einen optimalen, vom Mond abhängigen Zeitpunkt. Ein paar Grundregeln hierfür kann sich jeder leicht merken.

Ob Pflanzen und Boden gesund sind, erschließt sich nicht immer auf den ersten Blick.

Was macht einen gesunden Garten aus? Sind es akkurate Reihen aus stattlichen Gemüsen, sorgfältig gepflegte Rabatten mit prächtigen Blumen, ein sattgrüner Rasen und sauber beschnittene Bäume, die im Herbst reichlich Früchte tragen? Oder ist es etwa ein üppig wucherndes Durcheinander aus Nutz- und Zierpflanzen, eine Blumenwiese mit knorrigen Bäumen, unter denen Fallobst liegt? Vielleicht beides, denn ob ein Garten gesund ist, erkennt man nicht unbedingt an seinem Aussehen oder Stil, sondern an der Art und Weise, wie der Gärtner ihn pflegt.

Da gibt es auf der einen Seite die Vorzeigegärten, die vordergründig makellos gepflegt aussehen. Doch in vielen Fällen beruht die Pracht auf einer gnadenlosen Kontrolle der Natur durch Menschen, die bedenkenlos chemische Hilfsmittel jeglicher Art einsetzen, um ein angestrebtes Idealbild zu erreichen. Schaut man genauer hin, wird man erkennen, dass in solchen Gärten kein Vogel nistet und kein Schmetterling verweilen mag.

Das andere Extrem ist ein dogmatisch naturnaher Gartenbau, der letztlich darauf beruht, der Natur ungehindert ihren Lauf zu lassen. In den ersten Jahren sehen solche Gärten vielleicht noch reizvoll und verwunschen aus, aber bald verwandeln sie sich in ein unansehnliches und undurchdringliches Dickicht, das weder Freude macht noch verwertbare Erträge liefert.

Wer einen Garten anlegt, greift zwangsläufig in die Natur ein. Daran ist auch nichts Schlechtes, denn Menschen legen sich Gärten entsprechend ihren Wünsche an. Wer dabei nicht das Grundwasser verschmutzt und Kleingetier vertreibt, hat ein unbestreitbares Recht auf seine individuelle Vorstellung der Gartennutzung und -gestaltung.

Möchte man einen gesunden Garten anlegen, muss man sich mit den Besonderheiten „seines" Stückchens Natur auseinandersetzen. Der Gärtner begutachtet die Grundstückslage und die Bodenqualität, den Lichteinfall, das regionale Klima, die heimischen Tiere und die Pflanzen der Umgebung. Als nächstes folgt eine Auflistung der Wünsche an den Garten. Was soll darin wachsen, wie soll er genutzt werden?

Und dann geht es darum, verträgliche Kompromisse zu finden, die die Natur des Gartens berücksichtigen und zugleich den Anforderungen und Wünschen des Gärtners gerecht werden.

Das klingt sehr abstrakt, ist aber im Grunde einfach. Wer in seinem Garten Gemüse ziehen will, braucht dafür ausreichend Platz und einen Boden von geeigneter Qualität. Ist der Platz knapp, muss man sich mit geringeren Erträgen zufrieden geben oder kleinwüchsige, besonders ertragreiche Sorten wählen. Im Extremfall kann selbst ein Balkon zum Gemüsegarten werden. Und ist die Bodenqualität für die gewünschten Gemüsesorten ungeeignet, muss man entweder auf andere Arten ausweichen oder den Boden auf sinnvolle Weise

Es gibt viele sehr attraktive Farne. Wer eine Vorliebe für diese Grünpflanzen hat, sollte einen schattigen Standort für sie auswählen. In der Natur findet man sie schließlich oft unter Bäumen.

verändern. Wer einen nach Süden gelegenen, trockenen Garten hat, aber auch Schattenpflanzen wie Farne und andere üppige Grünpflanzen liebt, muss entweder seine Wünsche der Realität anpassen oder zum Beispiel Pergolen mit sonnenhungrigen Kletterpflanzen beranken lassen, sodass ein schattiger Bereich entsteht.

In keinem Fall besteht die beste Lösung darin, der Natur unüberlegt den menschlichen Willen aufzuzwingen. Sinnvoller ist es, die Natur behutsam den persönlichen Wünschen so weit wie möglich näher zu bringen.

Ein Garten ist zwar von Menschen gestaltet und in hohem Maße kontrolliert, aber er bleibt trotzdem ein Stück Natur. Er unterliegt vielen Einflüssen, die der Gärtner nicht beherrscht, und darum „funktioniert" er nicht wie ein Automat. Unwägbarkeiten und Rückschläge sollte man akzeptieren, so wie einen Schnupfen in jedem Winter. Krankheiten und Schädlinge ruinieren ja nicht gleich das ganze Gartenkonzept. Sie kommen und gehen, und wenn der Befall nicht zu stark ist, sind Eingriffe oft gar nicht erforderlich. Gesunde Pflanzen erholen sich in der Regel wieder von selbst. Neigt eine Pflanze immer wieder zu Befall, stimmen wahrscheinlich der Standort oder die Bodenqualität nicht. Mit einem Gespür für die Natur kann man erahnen, dass die Rosen in einem kühlen, feuch-

Hortensien mögen einen leicht sauren Boden, darum fühlen sie sich in der Nachbarschaft von Azaleen und Rhododendren auch so wohl.

leicht unter einem Wasserzeichen geboren, das den Blattpflanzen zugeordnet ist. Haben Sie mit Tomaten oder Zucchini einen grünen Daumen, um den Sie beneidet werden? Dann stand möglicherweise der Mond bei Ihrer Geburt in einem Feuerzeichen, das die Entwicklung der Fruchtpflanzen besonders begünstigt.

Ein wichtiger Schlüssel zum Erfolg mit Pflanzen aller Art besteht darin, ihre Anforderungen in Bezug auf den Standort zu kennen. Nicht jede Pflanze gedeiht an jedem Platz. Manche brauchen viel Sonne, andere fühlen sich nur im Schatten wohl und würden an einem Sonnenplatz verdorren. Einige verlangen viel Wasser, andere kommen mit minimaler Feuchtigkeit aus. Und viele Pflanzen haben besondere Wünsche im Hinblick auf die Acidität des Bodens. All diese Faktoren tragen dazu bei, dass Pflanzen gesund gedeihen. Eine erfolgreiche Gartengestaltung kann nur gelingen, wenn man die Standortbedürfnisse der Pflanzen berücksichtigt.

Informationen darüber kann man in vielen Pflanzenbüchern nachlesen, und auf Samentütchen sowie an den Pflanzen in Gärtnereien sind ebenfalls entsprechende Hinweise zu finden.

Nimmt man nun den eigenen Garten genauer unter die Lupe, wird man feststellen, dass auch er unterschiedliche Standortbedingungen bietet. Da gibt es trocken-heiße Zonen vor einer

ten Sommer vielleicht vom Mehltau befallen werden, und wird sich – statt zum Fungizid zu greifen – lieber an den Hortensien, die unter diesen Bedingungen einfach herrlich gedeihen, erfreuen. Im nächsten Jahr wird es wohl wieder anders aussehen.

Bei der Anlage eines gesunden Gartens müssen viele Aspekte berücksichtigt werden. Und dabei ist der Lauf des Mondes mit all seinen Wirkungen ein wichtiges Element.

Der Standort

Jeder Mensch hat Lieblingspflanzen und Lieblingsfarben. Machen Sie sich doch einmal den Spaß, den Mondstand zur Zeit Ihrer Geburt zu bestimmen. Haben Sie eine besondere Schwäche für Hosta und Farne? Dann sind Sie viel-

Südwand, tiefen Schatten in der Ecke neben dem Schuppen, diffus gestreutes Licht unter dem Laub von Bäumen oder den Regenschatten am Zaun, wo die Erde fast nie durchfeuchtet wird. Wer nicht ständig leidende Pflanzen aufpäppeln will, sollte für den jeweiligen Standort die geeigneten Arten wählen.

Die Bodenqualität

Neben den Lichtverhältnissen ist bei der Standortbeurteilung auch die Bodenqualität zu berücksichtigen. Sie kann im ganzen Garten einheitlich sein, aber auch stark differieren.

Nehmen Sie einfach einmal etwas Erde in die Hand, und drücken Sie sie mit der Hand zusammen. Rieselt die Erde durch die Finger, ist sie überwiegend sandig. Solche Böden trocknen schnell aus, weil das Wasser in den relativ großen Lufträumen zwischen den Partikeln abfließen kann. Sandige Böden enthalten wenig organisches Material, das sich mit Wasser vollsaugen und es somit speichern kann. Außerdem werden mit dem versickernden Wasser die Nährstoffe in tiefere Erdschichten geschwemmt. Kräuter aus dem Mittelmeerraum und Mohn etwa fühlen sich auf sandigen Böden wohl, wer aber andere Arten kultivieren möchte, muss die Bodenbeschaffenheit verändern.

Lässt sich die Hand voll Erde zu einem Klumpen kneten, der womöglich noch einen leichten Film auf den Fingern hinterlässt, haben Sie es mit einem sehr lehmigen Boden zu tun. Lehmböden bestehen aus extrem kleinen Partikeln, die sich stark verdichten und das Wasser nur schlecht abfließen lassen. Als Folge gelangt wenig Luftsauerstoff an die Wurzeln. Außerdem besteht die Gefahr, dass die Wurzeln über längere Zeit im Nassen stehen und faulen. Pflanzen, die an Wasser-Lebensräume angepasst sind und beispielsweise in dauerfeuchten Uferzonen oder im Flachwasser wachsen, können den Sauerstoff, den sie zum Wachsen benötigen, aus dem Wasser gewinnen. Land-

Mohn gedeiht gut auf sandigen Böden.

pflanzen besitzen diese Fähigkeit nicht, ihre Wurzeln sind auf Luftsauerstoff angewiesen. Wer einen Garten mit lehmigem Boden hat, kann ohne Probleme einen Teich oder ein Sumpfbeet anlegen. Ansonsten muss man den Boden eben sehr tiefgründig aufbereiten.

Fühlt sich Ihr Gartenboden locker-krümelig an und riecht er angenehm nach Wald, dann haben Sie einen wertvollen Humusboden, auf dem die meisten beliebten Pflanzen gut gedeihen. Allerdings entziehen die Pflanzen dem Boden im Lauf der Zeit Nährstoffe, auch das versickernde Wasser nimmt diese Stoffe mit in die Tiefe. Aus diesem Grund brauchen selbst ideale, nährstoffreiche Böden ein gewisses Maß an regelmäßiger Pflege, damit ihre Qualität erhalten bleibt.

Die beste Methode, die Bodenqualität zu verbessern oder zu erhalten, besteht in der Zugabe organischer Substanz, die in den Boden eingearbeitet wird. Ideal ist dafür Kompost oder gut verrotteter Stallmist. Mikroorganismen im Boden zersetzen diese organischen Stoffe und verwandeln sie auf diesem Wege in wertvollen Humus, der reichlich Nährstoffe enthält. Sandböden profitieren vor allem von den faserreichen Substanzen, die aufquellen und dadurch das

Wasserhaltevermögen des Bodens erhöhen. Lehmböden dagegen werden durch die gröbere Struktur des organischen Materials aufgelockert und können sich nicht mehr so stark verdichten. Staunässe wird vermieden, und es gelangt Sauerstoff an die Wurzeln.

Die bei Kindern beliebte Pusteblume (Löwenzahn) ist eine so genannte Zeigerpflanze: Sie fühlt sich auf lehmigem Boden besonders wohl.

Bodenvorbereitung

An der Frage, ob man Beete umgraben soll, scheiden sich die Geister. Verfechter des organisch-biologischen Gartenbaus meinen, das Graben sei grundfalsch, weil es das natürlich gewachsene Bodengefüge zerstört. Konventionell arbeitende Gärtner dagegen halten das Umgraben für unentbehrlich.

Die richtige Lösung liegt wahrscheinlich in der Mitte. Wer ein neues Beet anlegen will, wo vorher vielleicht

DER MOND

Eine günstige Zeit zum Einarbeiten von organischer Substanz ist der abnehmende Mond. Die Erde ist in dieser Phase besonders aufnahmebereit und richtet den Energiefluss nach innen.

ein Rasen war, wird um das Umgraben nicht herumkommen. Auch wenn der Boden durch häufiges Begehen stark verdichtet ist, muss er tiefgründig aufgelockert werden.

Soll jedoch ein bereits angelegtes leeres Beet lediglich für die neue Aussaat oder Pflanzung vorbereitet werden, muss nur umgegraben werden, wenn der Boden stark verdichtet oder von Unkraut völlig überwuchert ist. Andernfalls reicht es in den meisten Fällen aus, den Boden mit einem Kultivator oder Sauzahn aufzulockern und dabei reichlich organische Substanz unter die Oberfläche zu bringen. Eine gute Lösung für den Gemüsegarten ist ein Raster aus relativ kleinen Beeten, zwischen denen „Pflegewege" verlaufen.

Wenn Sie schmale Wege zwischen den Beeten anlegen und nicht auf die Beete treten müssen, verdichtet sich der Boden nicht so schnell.

Die Beete dürfen nur so groß sein, dass Sie die gesamte Fläche von den Wegen aus bequem erreichen können. Weil man nicht auf die Beete treten muss, wird der Boden weniger verdichtet, und ein alljährliches Umgraben ist nicht erforderlich. Wenn also durch das gründliche Umgraben bei der Neuanlage eines Beetes das natürliche Bodengefüge nur ein Mal gestört wurde, hat es bei einem Garten in Raster-Aufteilung viel Zeit, sich zu stabilisieren.

Bei einem sehr schweren, lehmigen Boden im Garten sollte man bereits im Spätherbst mit der Bodenvorbereitung

25

beginnen und an einem Erdtag umgraben. Die Klumpen müssen nicht zerkleinert werden, denn die winterlichen Fröste brechen die Erde auf und tragen so zur Lockerung und Strukturverbesserung bei. Wenn Sie zur Aufwertung des Bodens Stallmist verwenden möchten, sollten Sie ihn bereits im Herbst höchstens einen

Brennnesseln gelten zwar als Unkräuter, also als nicht erwünschte Spontanbepflanzung, aber wenn sie doch einmal da sind, kann man sie für die Zubereitung eines Suds oder zum Mulchen verwenden.

Spaten tief einarbeiten, denn er braucht zum Verrotten viel Sauerstoff. Außerdem kann die beim Verrotten entstehende Wärme jungen Pflanzen schaden. Bringt man den Mist im Spätherbst auf, verrottet er während des Winters und gibt zur Aussaat- und Pflanzzeit keine Wärme mehr ab. Vor allem Pferdemist, der in Reitställen oft kostenlos abgegeben wird, muss sehr frühzeitig ausgebracht werden, weil er

viel Hitze entwickelt. Bedenken Sie aber, dass Weidetiere auch Unkräuter fressen und deshalb im Stallmist häufig unverdaute Unkrautsamen enthalten sind, die auf den Beeten keimen.

Soll für die Anlage eines neuen Beetes der Boden umgegraben werden, leistet der Mond entscheidende Hilfe. Ein Zweck des Umgrabens ist, die Unkräuter aus dem Erdreich zu entfernen, damit sie den erwünschten Pflanzen keine Konkurrenz machen.

Wenn die Unkrautsamen bereits gekeimt haben, wird noch einmal umgegraben, und zwar an einem Steinbock-Tag im abnehmenden Mond. Werden jetzt noch ruhende Unkrautsamen aktiviert, bremst die Kälte des Steinbocks die Keimbereitschaft, und

DER MOND

An den ersten Frühlingstagen, wenn der Boden sich langsam erwärmt, graben Sie das neue Beet an einem Löwetag im zunehmenden Mond um. Dadurch werden die im Boden ruhenden Unkrautsamen „geweckt", und sie beginnen zu keimen. Die Wärme des Löwen treibt die Keimung kräftig voran, der zunehmende Mond begünstigt zudem das oberirdische Pflanzenwachstum.

wegen des abnehmenden Mondes wird das Wachstum der oberirdischen Teile tendenziell gehemmt.

Wer noch ein drittes Mal umgraben möchte, sollte das wiederum bei abnehmendem Mond tun. Spätestens beim dritten Umgraben wird die Bodenqualität durch Zugabe von organischem Material aufgewertet.

Bodenverbesserung

Ein etabliertes Beet, auf dem über Jahre hinweg Gemüse oder Blumen gepflanzt wurden, muss aufgearbeitet werden. Die

Der Boden eines über Jahre genutzten Beetes kann nur stückchenweise aufgearbeitet werden, wenn eine Pflanze geteilt, entfernt oder ersetzt wird.

Bodenstruktur soll schließlich erhalten bleiben, und verloren gegangene Nährstoffe sollen ersetzt werden. Wird der Boden nicht gepflegt, verschlechtert sich die Qualität, der Ertrag des Gemü-

ses sinkt, die Blumen blühen weniger prächtig, und die Anfälligkeit für Schädlinge und Krankheiten steigt.

Auf abgeernteten Gemüsebeeten lässt sich die Bodenverbesserung unkompliziert durchführen. Staudenbeete hingegen werden nicht abgeerntet, darum kann man sie nicht ein- oder zweimal im Jahr großflächig bearbeiten. Es bleibt nur die Möglichkeit, das Material auf die Erdoberfläche zwischen die Pflanzen zu verteilen und behutsam mittels eines Kultivators oder eines Sauzahns mit der obersten Erdschicht zu vermischen. Wann immer ein Stück Beetfläche frei ist, beispielsweise beim Teilen und Umpflanzen von Stauden, sollte man daher die Gelegenheit nutzen und reichlich organische Substanz einarbeiten. Beim Einpflanzen gibt man stets eine Schicht Kompost auf den Boden des Pflanzlochs.

Mulchen

Auch bewachsene Gemüsebeete freuen sich über zusätzliche Bodenpflege. In diesem Fall legt man eine Mulchschicht auf, die im Lauf der Zeit von den Bodenorganismen zerkleinert und in tiefere Erdschichten befördert wird. Eine Abdeckung der Beete mit Mulch hat zusätzlich den Vorteil, dass die Verdunstung der Erdoberfläche herabgesetzt wird; somit werden die Beete wirkungsvoll vor dem Austrocknen geschützt. Und weil der Mulch verhin-

27

dert, dass Licht an die Erdoberfläche gelangt, werden auch einjährige Unkräuter wirksam unterdrückt.

Bleibt eine dicke Mulchschicht über Winter auf den Beeten liegen, sollte man sie nach der Schneeschmelze gründlich kontrollieren. Ist der Mulch sehr nass, besteht die Gefahr von Fäulnis oder Besiedelung durch Pilze, die den Pflanzen schaden können. Nasser Mulch muss gelüftet werden. Von

Bei Fleißigen Lieschen denkt kaum jemand an Mulchmaterial, aber auf einer Baumscheibe schützen sie den Boden auch vor Austrocknung und dämmen Unkrautwuchs ein.

nem Material (z. B. Stroh), kann man ihn auf den Komposthaufen geben.

Wann mulchen?

Um vor allem die Gefahr von Fäulnis und Schimmelpilzen einzudämmen, bringt man Mulch grundsätzlich an einem trockenen Tag aus. Ideal ist ein Erdtag bei abnehmendem Mond, weil in dieser Zeit die Erde für die Nährstoffe im Mulch aufnahmebereit ist. Alternativ kann man den Mulch auch während der Zeit des absteigenden Mondes auflegen.

DER MOND

Für das Abnehmen von nassem oder schimmeligem Mulch empfiehlt sich ein Erdtag bei zunehmendem Mond. Die Erde ist in dieser Zeit auf Abgeben eingestellt und kann sich besser gegen eventuell bereits eingedrungene Pilzkrankheiten wehren.

Schimmelpilzen befallener Mulch wird schnellstens entfernt und darf keinesfalls untergegraben werden, weil sich die Schimmelpilze im Boden ausbreiten und andere Pflanzen befallen können. Mischt man ihn mit reichlich trocke-

Was eignet sich zum Mulchen?

Generell ist es günstiger, natürliche Materialien zum Mulchen zu verwenden. Wenn Ihnen jedoch nicht ausreichend organische Stoffe zur Verfügung stehen, können Sie auf dunkle Mulchfolien oder Mulchpapiere zurückgreifen, die im Fachhandel erhältlich sind.

❖ **Rindenhäcksel** eignet sich gut zur Abdeckung von Gehölz- und Rosenbeeten. Man kann es auch als Belag für Gartenwege verwenden, weil es recht attraktiv aussieht. Für Blumen- und Gemüsebeete ist dieses Material weniger geeignet, weil Baumrinde vielfach Gerbstoffe enthält, die den Pflanzen unter Umständen schaden können.

✻ **Laub**, Nadeln und gehäckselte Zweige lassen sich gut verwenden. Allerdings sollte der Anteil an Nadeln nicht über 20 % liegen, weil Nadeln auf Dauer eine unerwünschte Übersäuerung des Bodens verursachen können.

✻ **Rasenschnitt** kann als Mulchmaterial verwendet werden, sofern das Gras noch keine Samen ausgebildet hat. Das Gras sollte vor dem Ausbringen antrocknen und muss bei anhaltend feuchter Witterung ab und an gewendet werden, weil es zur Fäulnis neigt.

✻ **Kompost** ist ein großartiges Mulchmaterial, weil er sehr viele Nährstoffe enthält und eine ideale Konsistenz besitzt, die den Boden verbessert. Außerdem leben im Kompost zahlreiche Mikroorganismen, die das Bodenleben wesentlich bereichern.

✻ **Brennnesseln** haben einen sehr hohen Nährstoffgehalt und sind darum ein gutes, wenn auch weniger ansehnliches Mulchmaterial. Sie müssen aber vor der Blüte geschnitten werden, damit keine Samen auf die Beete gelangen.

✻ **Einjährige Sommerblumen** kann man etwa auf der Baumscheibe von Obstbäumen säen. Ein Baum inmitten einer Insel aus Kapuzinerkresse, Ringelblumen oder Tagetes sieht hinreißend aus, zugleich beschatten die Blumen den Boden und halten Schädlinge ab.

In vielen Gemeinden schreibt das Kreislaufwirtschaftsgesetz vor, dass biologische Haushaltsabfälle nicht mehr auf Deponien abgeladen werden dürfen, sondern kompostiert werden müssen. Wenn in Ihrem Garten nicht genü-

Auch die schönsten Blumen (hier Storchschnabel in Kombination mit Hosta) welken einmal. Die Grünabfälle gehören keinesfalls in die Hausmülltonne, sondern in die Biotonne oder auf den Kompost.

gend Material zum Mulchen anfällt, können Sie sich in der Nähe nach einem Kompostwerk umsehen. Dort werden auch pflanzliche Abfälle aus öffentlichen Grünanlagen verwertet.

Mineralische Bodenzusätze

Wer diese Möglichkeit nicht hat, kann auf mineralische Produkte zur Bodenverbesserung zurückgreifen. Diese Produkte enthalten zwar selbst wenig Nährstoffe, doch sie binden Mineralien und Wasser oder verändern die Struktur des Bodens, sodass sich dessen Speichereigenschaften verbessern. Alle Produkte entfalten ihre Wirkung nur auf gesunden Böden, denn erst durch die Aktivität der Mikroorganismen werden die Mineralien und Spurenelemente so aufbereitet, dass sie von den Pflanzen verwertet werden können.

✣ **Gesteinsmehl** besteht tatsächlich aus fein gemahlenem Gestein. Seine Verwendung beruht auf der Beobachtung, dass in den Quellgebieten von Flüssen, wo Schlamm aus fein zermahlenem Gestein auf die Felder gelangt, der Boden besonders fruchtbar ist. Seine Wirkung ähnelt dem fruchtbaren Schlamm, der vor dem Bau des Assuanstaudamms alljährlich den ägyptischen Bauern mit der Nilschwemme auf die

Kartoffeln und Möhren können sich besser entwickeln, wenn der Boden locker ist. Verdichteter Boden kann zu Deformierungen führen.

Felder gespült wurde. Gesteinsmehle speichern Wasser und geben es nur langsam wieder an ihre Umgebung ab. Davon profitieren vorwiegend leichte Böden, auf schweren Böden besteht die Gefahr von Staunässe. Wer solche Produkte kauft, sollte die Dosierungsanweisungen auf der Verpackung beachten. Gesteinsmehl aus Granit und Basalt enthält Magnesium und Kieselsäure, und es ähnelt in seiner Zusammensetzung in der Tat dem fruchtbaren Nilschlamm. Gesteinsmehl aus Lava enthält dagegen kleine Mengen Magnesium und auch Phosphor.

✣ **Tonmehl** (Bentonit) wurde zuerst in der Nähe des amerikanischen Fort Benton entdeckt. Es ist ein mineralischer Ton, der Wasser und so auch Nährstoffe absorbiert und in gesättigtem Zustand auf das 10- bis 15-Fache seines Volumens aufquillt. Er eignet sich vor allem zur Verbesserung sehr leichter, sandiger Böden.

✣ **Sand** verwendet man zum Lockern schwerer Lehmböden. So kann mehr Luftsauerstoff an die Wurzeln gelangen. Wurzelgemüse finden einen geringeren Bodenwiderstand vor. Außerdem enthält Sand Kieselsäure, die das Pflanzengewebe stärkt.

✣ **Kalk** im Garten auszubringen ist in gewissen Fällen sinnvoll. Kalk ist basisch und kann durchaus verwendet werden, um den pH-Wert eines sauren Bodens anzuheben. Es gibt viele verschiedene Kalkprodukte, über deren Verwendung Sie sich im Fachhandel ausführlich beraten lassen sollten. Grundsätzlich sollte Kalk jedoch im Garten sehr sparsam eingesetzt werden.

Der pH-Wert des Bodens

Viele Pflanzen sind in Bezug auf den pH-Wert des Bodens relativ unkompliziert, einige stellen jedoch besondere Ansprüche. In Gartencentern werden Testsets zur Feststellung des pH-Werts angeboten. Man sollte stets Bodenproben aus verschiedenen Gartenbereichen nehmen, denn die Bodenqualität innerhalb der Grundstücksgrenzen kann stark variieren.

Generell ist es sinnvoller, den pH-Wert des Bodens zu akzeptieren und Pflanzen auszuwählen, die mit den jeweiligen Standortbedingungen gut zurechtkommen.

In der Natur siedeln sich Pflanzen nur an Standorten an, die ihnen genehm sind. Wer sich genauer mit Wildkräutern auskennt, kann auf den Kauf eines pH-Testsets verzichten und stattdessen beobachten, welche Wildkräuter sich spontan ansiedeln. Zu den so genannten Zeigerpflanzen gehören Ackerziest und Wollgras (weisen auf sauren Boden) sowie Ackersenf und Kleine Wolfsmilch (zeigen basischen Boden an).

Alle Rhododendron- und Azaleen-Arten bevorzugen sauren Boden. Es sind so genannte Kalkflieher.

Kompost

In jedem Garten fallen eigentlich Grünabfälle in ausreichenden Mengen an, und wer sie kompostiert, schafft sich einen wertvollen Humusvorrat zum Düngen und Mulchen.

In einem großen Garten kann man den Kompost einfach in einer Gartenecke aufhäufen. Praktischer und ansehnlicher sind Kompostsilos. Man kann sie aus Holzpaletten selbst bauen oder im Fachhandel Modelle aus Holz oder Kunststoff zu sehr unterschiedlichen Preisen kaufen. Sie haben den Vorteil, dass die Grünmasse zusammen-

DER MOND

Alle Arbeiten, die in Zusammenhang mit dem Boden stehen, führt man am besten bei abnehmendem Mond aus, weil die Erde dann auf Aufnehmen eingestellt ist.

gehalten wird, es kann wegen der kleineren Oberfläche weniger Verrottungswärme entweichen, und der Kompost ist schneller reif.

Für welches Prinzip Sie sich auch entscheiden, der Kompost sollte stets in einer halbschattigen Gartenecke angelegt werden. Für einen erfolgreichen Rotteprozess ist ein gewisses Maß an Feuchtigkeit und Wärme erforderlich. In der prallen Sonne jedoch fehlt die dafür notwendige Feuchtigkeit, und im tiefen Schatten fehlt die Wärme, außerdem erhöht sich hier die Fäulnisgefahr. Um die Austrocknung zu verhindern, deckt man einen offenen Kompost möglichst mit Grasschnitt ab. Trocknet der Haufen im Hochsommer doch einmal aus, muss er begossen werden.

Ein gut aufgesetzter Kompost stinkt nicht und schimmelt nicht. Küchen- und Gartenabfälle können auf diese Weise im Mikrokosmos „Haushalt" sinnvoll verwertet werden.

Kompost aufsetzen – das sollten Sie beachten

Ein Kompost ist nicht etwa nur ein Haufen wahllos zusammengewürfelter Grünabfälle, sondern er wird mit Überlegung aufgesetzt. Zuerst hebt man eine etwa 20 cm tiefe Grube in der Größe der Grundfläche des Haufens aus. Darauf werden die Grünabfälle geschichtet. Direkter Erdkontakt der Grünmasse ist wichtig, damit die Mikroorganismen aus der Erde ungehinderten Zutritt zu ihrem „Arbeitsplatz" haben. Die unterste Schicht des Komposthaufens muss locker und luftig sein. Man verwendet dafür grob zerkleinerte Zweige oder Reste von Gartenstauden. Diese lockere Basis verhindert Fäulnisbildung, weil das Wasser leicht abfließen und die Luft ungehindert zirkulieren kann.

Auf diese Grundlage können nun die verschiedenen Garten- und Küchenabfälle geschichtet werden. Dabei sollten Sie besonders darauf achten, dass feuchte Materialien gründlich mit trockenen vermischt werden. Größere Mengen feuchter Abfälle (dazu gehört auch Rasenschnitt) begünstigen die Fäulnis, weil sie zu einer nassen, schweren Masse zusammenfallen, verkleben und so die Luftzirkulation verhindern. Etwa alle 20 cm sollte man eine Hand voll reifen Kompost aus dem Vorjahr aufstreuen, um den Rotteprozess zu fördern. In vielen Gartenratgebern wird empfohlen, den Kompost in gleichmäßigen Schichten aus trockenem und feuchtem Material aufzubauen. Diese Regel ist zweifellos richtig, doch ist sie in der Praxis nur selten einzuhalten. In Küche und Garten fallen die unterschiedlichsten Grünabfälle an, und deren Zusammensetzung und Feuchtigkeitsgehalt deckt sich nur selten mit dieser Idealvorgabe. Wer aber darauf achtet, dass feuchte und trockene

Kunststoffkomposter sind zwar nicht sehr hübsch anzusehen, aber das organische Material verrottet schneller als im offenen Holzkomposter.

Materialien immer gleich gründlich vermischt werden, wird kaum je Probleme bekommen.

Ob ein Kompost unbedingt umgesetzt werden muss, ist Ansichtssache. Wer diese Arbeit in Angriff nehmen will, sollte einen Steinbock-Tag wählen, an dem der Mond das Element Erde aktiviert. Während des Rotteprozesses entsteht Wärme, die in der unteren Mitte des Komposthaufens am größten ist. Setzt man den Kompost um, gelangt Material aus dem Außenbereich des Haufens ins Innere, während das bereits durchgerottete Material aus der Mitte nach außen wandert. Setzt man den Kompost ein- oder auch zweimal um, ist er nach etwa sechs Monaten reif. Wer genug Platz für mehrere Kompostsilos hat, kann auf das Umsetzen verzichten. Allerdings dauert der Rotteprozess dann gut zwölf Monate.

Ob ein Kompost reif ist, prüft man mit Händen und Nase. Guter Kompost ist relativ trocken, locker, krümelig, und duftet nach Waldboden.

Große Mengen Herbstlaub sollte man nicht auf den Kompost geben, sondern besser in einen zweiten Silo

DER MOND

Enthält der Kompost viel trockenes, sperriges Material, etwa Stiele von verblühten Stauden, muss er zwischendurch einmal festgestampft werden. Dafür wählt man die Zeit des zunehmenden Mondes, denn in dieser Mondphase wird der Rotteprozess, der Wärme nach außen abgibt, schneller wieder in Gang gesetzt.

füllen. Ein reiner Laubkompost wird durch die Aktivität von Pilzen zersetzt, während der Rotteprozess im Komposthaufen vorwiegend von Bakterien in Gang gehalten wird. Die separate Laubkompostierung dauert zwar etwas länger, doch dafür ist das aufwendige Umsetzen nicht erforderlich. Man erhält am Ende ein wertvolles Produkt, das sich besonders gut als Mulchmaterial unter Sträuchern und Rosen eignet. Etwas Vorsicht ist nur bei hohen Anteilen Eichen- und Weidenlaub geboten, die besonders viele Gerbstoffe enthalten können.

Kompost-Probleme

Wenn ein Komposthaufen zu stinken beginnt, ist im wahrsten Sinne des Wortes etwas faul. Gehen Sie der Sache schnellstens auf den Grund, und pressen Sie etwas Material aus den unteren Schichten mit den Händen kräftig zusammen. Tropft Wasser heraus, ist der Kompost zu nass und muss zunächst sofort mit Hilfe einer Folie vor Regenwasser geschützt werden.

Bohren Sie einen langen Holzstiel in die Mitte des Haufens und ziehen Sie ihn wieder heraus. Bleiben schwarze, schmierige Spuren daran hängen, sind bereits Fäulnisprozesse im Gange. Der Kompost muss schleunigst umgesetzt und dabei mit reichlich trockenem Material (z. B. Stroh, Heu oder Gesteinsmehl) vermischt werden.

Die wenigen Glücklichen, die ein Grundstück mit einem natürlichen Bachlauf besitzen, sollten zugunsten des Gewässerschutzes mit chemischen Hilfsmitteln ganz besonders sparsam umgehen.

Ist das Material trocken und krümelig, ist der Kompost ausgetrocknet und wird mit Brauseaufsatz begossen.

Düngen

Wer seinen Boden regelmäßig pflegt, kann auf zusätzliche chemische Düngemittel weitgehend verzichten. Mit Mulch und Kompost werden dem Boden organische Substanzen zugeführt,

---

Was darf auf den Kompost

Gartenabfälle: verwelkte Blumen, Obstreste, Gemüseabfälle, Staudenreste, alte Erde vom Umtopfen, gehäckselter Gehölzschnitt von Hecken und Bäumen, kleine Mengen Laub und Grasschnitt, einjährige Unkräuter (in die Mitte des Haufens, wo die Wärme am größten ist und die Samen abgetötet werden).

Küchenabfälle: rohe Obst- und Gemüseabfälle aller Art, zerkleinerte Schalen unbehandelter Zitrusfrüchte, Eierschalen, Kaffeesatz incl. Papierfilter, Teeblätter (von Teebeuteln die Metallklammer entfernen!), verwelkte Blumensträuße und Reste von Zimmerpflanzen.

Weil Küchenabfälle meist recht feucht sind, sollte man sie auf dem Komposthaufen sofort mit anderem Material vermischen oder vorher in Zeitungspapier einwickeln; das saugt gut.

Außerdem: kleine Mengen Stallmist, am besten mit Stroh vermischt, Sägemehl und Asche von unbehandeltem Holz (z. B. aus dem Kamin), Küchenpapier, Zeitungspapier in kleinen Mengen.

Was darf nicht auf den Kompost

Exkremente von Haustieren, gekochte Küchenabfälle sowie Reste von Fisch, Fleisch oder Käse (locken Ungeziefer und Ratten an), Zitrusschalen, Kohlenasche (enthält Schwermetalle), Kohlstrünke (Gefahr der Übertragung der Kohlhernie), erkrankte Pflanzenteile (Übertragungsgefahr), Wurzelunkräuter wie Giersch und Quecke (die Rottewärme tötet sie nicht ab), Staubsaugerbeutel mit Inhalt (kann ebenfalls Schwermetalle enthalten).

---

die den Pflanzen verbrauchte Nährstoffe ersetzen. Nun fallen aber nicht in jedem Garten ausreichend Grünabfälle an, um damit genug Kompost zur Bodenversorgung zu bereiten. Wenn die Pflanzen einmal die Blätter hängen lassen, zu Krankheiten neigen oder die Blühbereitschaft nachlässt, möchte so mancher Gärtner seine Pflanzen rasch und effektiv unterstützen. Wenn man zu mineralischen Düngemitteln greift, sollte man sich jedoch bewusst sein, dass sie eine Reihe von Nebenwirkungen haben. Mineralstoffe, die von den Pflanzen nicht verbraucht werden, reichern sich im Boden an und mindern seine Qualität. Die Pflanzen müssen ihre Wurzeln nicht mehr in tiefe Bodenschichten strecken, um an Nährstoffe zu gelangen. Sie werden dadurch „verwöhnt" und auf Dauer geschwächt. Außerdem werden die Mineralsalze durch das Regenwasser ausgewaschen, gelangen ins Trinkwasser und können dort zum Risikofaktor für unsere Gesundheit werden. Ein weiterer Teil der Mineralsalze wird in Flüsse und Seen transportiert. Dort entfalten die Mineralien ihre düngende Wirkung: Algen gedeihen „prächtig" und konkurrieren mit den anderen Wasserpflanzen um den Lebensraum, sodass das ökologische Gleichgewicht des Gewässers erheblich gestört wird. Mineralische Dünger sollten daher nur äußerst sparsam und gezielt eingesetzt werden. Am

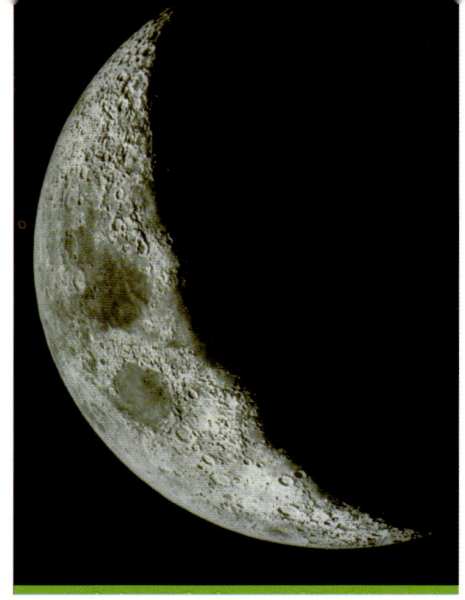

besten ist es, man beobachtet seine Pflanzen auf Veränderungen, die auf einen Nährstoffmangel hinweisen.

Im Gemüsegarten, wo der Boden intensiv genutzt wird, kann es schon einmal zu Mangelerscheinungen kommen. Wer den Mineralstoffhaushalt seiner Beete behutsam ausgleichen möchte, findet im Fachhandel eine Reihe von organischen Düngemitteln.

✤ **Getrockneter Rindermist** besteht aus nichts anderem als getrockneten, gemahlenen Kuhfladen. Er eignet sich

Wenn Sie ein Gespür für die Phasen des Mondes bekommen, geht Ihnen auch im Garten vieles leichter von der Hand.

DER MOND

Mineralische Dünger sollten unbedingt bei Vollmond oder abnehmendem Mond gegeben werden. Dann ist die Aufnahmebereitschaft von Erde und Pflanzen am höchsten. Düngt man bei zunehmendem Mond, verwerten die Pflanzen die Stoffe nicht ausreichend. Die Mineralien bleiben auf der Erde liegen und stellen eine höhere Umweltbelastung dar.

besonders für Gemüse mit hohem Nährstoffbedarf (Kohl, Kürbis, Tomaten), aber auch für Rosen, weil er reichlich Stickstoff und Kalium enthält.

✤ **Hornspäne** werden aus Hufen und Hörnern von Schlachtvieh in verschiedenen Mahlgraden hergestellt. Sie enthalten viel Phosphor und Stickstoff. Je gröber die Späne sind, umso langsamer werden sie im Boden von den Mikroorganismen verarbeitet.

✤ **Getrockneter Geflügelmist** ist ein hochwirksamer Dünger mit hohem Gehalt an Phosphor, Kalium und Stickstoff. Er stammt aus der Massengeflügelhaltung und ist umstritten, weil man nie genau weiß, ob und in welchen Mengen den Tieren Antibiotika, Hormone oder andere Medikamente verabreicht wurden. Außerdem gilt die Massentierhaltung als nicht artgerecht.

✤ **Guano** hat einen besonders hohen Gehalt an Stickstoff und Phosphor. Echter Guano stammt aus Südamerika und entsteht aus dem Mist und den Kadavern von Seevögeln.

Pflanzliche Düngemittel

Neben Kompost und organischen Düngeprodukten empfehlen sich pflanzliche Hilfsmittel für einen gesunden Gar-

Mangelerscheinungen bei Pflanzen

Stickstoffmangel: die Blätter verfärben sich gelb oder rötlich-violett
Phosphormangel: bräunlich-violett verfärbte Blätter, schwach ausgebildete Wurzeln, geringe Fruchtbildung
Kaliummangel: insgesamt kümmerliches Wachstum, Braunfärbung und Absterben der Blätter
Magnesiummangel: bei älteren Pflanzen verfärben sich die Blattränder oder werden brüchig
Kalkmangel (Übersäuerung des Bodens): schlechtes Wurzelwachstum, trockene Blattränder, verkrümmte Triebspitzen
Eisenmangel: die Blätter verfärben sich gelb, nur die Blattadern bleiben grün

Für kalt angesetzte Produkte und zum Verdünnen gilt Regenwasser als erste Wahl, weil Leitungswasser eine Reihe von Mineralien enthält, die die Qualität des Düngemittels mindern können. Steht kein Regenwasser zur Verfügung, sollte gut abgestandenes Leitungswasser verwendet werden.

❀ **Tee:** Hierfür zerkleinert man die frischen oder getrockneten Pflanzenteile, übergießt sie mit kochendem Wasser und lässt sie 30 bis 45 Minuten lang zie-

ten. Aus vielen Pflanzen können wertvolle Nährlösungen zubereitet werden.

Nährlösungen sollte man in den Tagen um den Voll- oder Neumond oder bei abnehmendem Mond ansetzen. Die Pflanzen dürfen keine Samen haben, weil man sonst riskiert, dass diese beim Absieben nicht entfernt werden und auf den Beeten keimen. Die Rezepturen eignen sich auch für pflanzliche Präparate gegen Krankheiten und Schädlinge *(siehe Seite 48/49)*.

Die Düngelösungen sollten möglichst auf die Erde im Wurzelbereich der Pflanzen gegossen werden. Gelangen sie auf die Blätter, können sie Flecken verursachen. Setzt man dagegen Pflanzenlösungen zur Schädlingsbekämpfung ein, werden Blätter und Stiele natürlich auch direkt behandelt.

Aufgefangenes Regenwasser aus der eigenen Regentonne bekommt den Pflanzen grundsätzlich besser als kalkhaltiges Leitungswasser.

hen. Anschließend sieben und abkühlen lassen. Wegen der aufwendigen Zubereitungsart eignet sich Tee nur für kleine Mengen, die zur gezielten

Behandlung von einzelnen Gartenpflanzen oder von Kübel- und Zimmerpflanzen eingesetzt werden.

❊ **Absud:** Man zerkleinert hierfür die ausgewählten frischen oder getrockneten Pflanzenteile, bedeckt sie mit kaltem Wasser und lässt sie 24 Stunden lang stehen. Dann wird die Mischung aufgekocht, gesiebt und zum Abkühlen beiseite gestellt. Ein Absud wird meist verdünnt verwendet.

❊ **Auszug:** Die frischen Pflanzenteile werden mit kaltem Wasser aufgesetzt und müssen 24 Stunden ziehen. Anschließend nimmt man die Pflanzen heraus und drückt sie gründlich aus.

Die Kamille ist nicht nur für den menschlichen Magen eine Wohltat, sie stärkt auch die Pflanzen.

WELCHE KRÄUTER DÜNGEN WIE?

PFLANZE	DÜNGEWIRKUNG	ZUBEREITUNG	ANWENDUNG
Baldrian	fördert die Fruchtbildung	Tee aus 10 g Blättern auf 1 Liter Wasser	Unverdünnt anwenden
Beinwell	fördert das allgemeine Wachstum	Jauche aus 1 kg Blättern auf 10 Liter Wasser	1 Teil Jauche mit 5 Teilen Wasser mischen
Brennnessel	stärkt die Pflanzen, wirkt auch gegen Schädlinge	Jauche aus 1 kg Blättern auf 10 Liter Wasser	1 Teil Jauche mit 10 Teilen Wasser mischen
Kamille	stärkt die Pflanzen	Auszug aus 500 g Blüten und Blättern auf 10 Liter Wasser	1 Teil Auszug mit 5 Teilen Wasser mischen
Schachtelhalm	fördert das Wachstum, wirkt auch gegen Schädlinge	Tee aus 100 g Blättern auf 1 Liter Wasser, gegen Schädlinge	1 Teil Tee oder Brühe mit 5 Teilen Wasser mischen

Ein Auszug muss zügig verwendet werden, da er leicht gärt.

❊ **Jauche:** Man gibt die frischen Pflanzenteile mit kaltem Wasser in ein großes Gefäß (nicht aus Metall) und deckt es mit einem luftdurchlässigen Material ab. Diese Mischung gären lassen und täglich rühren. Wenn die Schaumbildung beendet ist, kann die Jauche gesiebt und schließlich verwendet werden.

Wann wird gedüngt?

Wie schon erwähnt, soll Dünger an Vollmond oder bei abnehmendem Mond gegeben werden, damit die Erde ihn aufnimmt und die Pflanzen ihn optimal verwerten können. Zusätzlich haben aber bestimmte Pflanzenarten im Hinblick auf die Stellung des Mondes in den Tierkreiszeichen noch einmal besondere Vorlieben:

Pflanzen, deren Früchte man verwerten möchte, sprechen auf Düngungen an Widder- und Schütze-Tagen besonders gut an. In diese Gruppe fallen alle Obstsorten und die Fruchtgemüse.

Blattgemüse und Zierpflanzen reagieren erfahrungsgemäß positiv, wenn sie an einem Wassertag gedüngt werden (Fische, Krebs und Skorpion). Wenn die Pflanzen nur einmal zwischendurch ein kleines Zubrot erhalten sollen, kann man sie an Erdtagen (Jungfrau, Steinbock, Stier) düngen, um die Wurzelbildung anzuregen. Die Blütenbildung fördert man hingegen mit einer Zwischendüngung an Lufttagen (Wassermann, Zwillinge, Waage).

Löwe-Tage sollten Sie zum Düngen jedoch tunlichst meiden. Der Löwe ist das stärkste aller Feuerzeichen, und das Risiko von Verbrennungen ist an diesen Tagen viel höher als an anderen.

Gründüngung

Eine sehr nützliche Maßnahme zur Verbesserung des Bodens ist die Gründüngung. Sie bietet sich für abgeerntete Gemüsebeete an, die nicht sofort wieder neu bestellt werden sollen.

Die Idee der Gründüngung geht auf die Dreifelderwirtschaft des Mittelalters zurück. Damals bauten die Bauern im ersten Jahr Sommergetreide an, im zweiten Jahr Wintergetreide, und im dritten Jahr ließen sie das Feld unbestellt, damit es sich erholen konnte. Auf dem Brachland säten sich allerlei Wildpflanzen aus, und heute wissen wir, dass sie die Bodenqualität deutlich erhöhen. Sie binden in ihren Wurzeln Stickstoff und andere Stoffe, die später

Raps ist neben Gelbsenf, Roggen und Phacelia die bekannteste Gründüngerpflanze.

Sonnenblumen gehören nicht zu den typischen Gründüngerpflanzen, sind aber sehr attraktiv.

untergegraben werden und so für die nächste Bepflanzung wieder zur Verfügung stehen. Außerdem lockern die Gründüngerpflanzen den Boden mit ihren Wurzeln auf. Ein guter Gartenboden sollte etwa zur Hälfte aus Hohlraum bestehen. Heute überlassen wir die Wahl der Gründüngerpflanzen nicht mehr dem Zufall, sondern wählen die besonders nützlichen gezielt aus.

Neben den typischen Gründüngerpflanzen *(siehe Tabelle S. 41)* eignen sich auch Sonnenblumen als Zwischensaat. Sie haben zwar keine eigenständige bereichernde Wirkung auf den Boden, bieten aber mit ihrer großen Wurzelmasse den Bodenorganismen viel Nahrung, die diese in Humus verwandeln können. Außerdem ist ein Beet voller Sonnenblumen eine Augenweide.

Weniger bekannt ist, dass auch einige Gemüsepflanzen als Gründünger eingesetzt werden können. Sät man Spinat im Herbst, kann man noch bis zum Frost davon ernten, der Rest bleibt über Winter als Mulch auf dem Beet und wird im Frühling untergearbeitet.

Wässern

Fast alle Gärtner sind zu großzügig mit dem Wasser. Schauen wir uns einmal den Aufbau einer Pflanze an: Das Wurzelwerk unter der Erde ist so konstruiert, dass es sich ausbreiten und „nach dem Wasser strecken" kann. Voraussetzung dafür ist allerdings ein lockerer Boden, den die feinen Haarwurzeln leicht durchdringen können. Wird eine Pflanze nun regelmäßig reichlich gegossen, hat sie keinen Grund, sich selbst um die Wasserversorgung zu bemühen und ein ausgedehntes Wurzelwerk zu entwickeln. Die Folge ist eine verwöhn-

DER MOND

Gründüngerpflanzen werden im Frühling oder im Herbst möglichst bei abnehmendem Mond gesät, weil dadurch das rasche Wachstum der Wurzeln begünstigt wird. Kurz vor der Blüte mäht man sie ab, damit sie sich nicht unkontrolliert im ganzen Garten ausbreiten. Im Herbst lässt man das Kraut als Mulch liegen, im folgenden Frühling arbeitet man es mitsamt den Wurzeln in den Boden ein.
Auch zum Mähen und Einarbeiten wählt man einen Tag bei abnehmendem Mond, im Idealfall einen Erdtag (Stier, Jungfrau, Steinbock), weil dann die Erde besonders aufnahmefähig ist.

te Pflanze mit unterentwickelten Wurzeln, die fortan von der Fremdversorgung abhängig ist. Durch den natürlichen Rhythmus von Regen und Trockenheit dagegen werden die Pflanzen angeregt, sich selbst um ihre Wasserversorgung zu bemühen.

Wenn Sie Ihren Boden mit viel organischem Material anreichern, ist kein regelmäßiges Wässern nötig. Wenn Sie Ihren Garten allerdings über Jahre bewässert haben, sollten Sie nicht einfach damit aufhören, die Pflanzen müssen erst entwöhnt werden.

WIE WIRKEN GRÜNDÜNGERPFLANZEN?

PFLANZE	AUSSAAT	WIRKUNG
Ackerbohne	ab März	sammelt Stickstoff, jedoch erst kurz vor der Blüte. Ideal für Beete, die erst nach den Eisheiligen bepflanzt werden (z. B. mit Tomaten, Gurken)
Bienenfreund (Phacaelia)	März bis August	lockert den Boden, kann als Mulchmaterial verwendet werden, lockt Bienen an
Puff- oder Saubohne	ab März	sammelt Stickstoff, besonders günstig vor Kohl und Mohrrüben
Buchweizen	April bis August	sammelt Stickstoff
Gelbsenf	ab März	verbessert schwere, kalkhaltige Böden; nicht als Vorsaat vor Kohl
Winterraps	August bis September	lockert den Boden mit seinen Wurzeln; nicht als Vorsaat vor Kohl
Kapuzinerkresse	März bis Mai	verdrängt Unkraut
Klee	März bis September	sammelt Stickstoff
Roggen	September	verdrängt Unkraut (sogar Quecke)
Lupine	April bis September	sammelt Stickstoff. Weiße Lupinen lockern schwere Böden, blaue verbessern sandige Böden.

Pflanzen in Töpfen und Kübeln müssen regelmäßig gewässert werden – morgens und abends.

Topfpflanzen

Eine Ausnahme bilden alle Pflanzen, die in Töpfen, Kübeln und Trögen stehen. Der Ausbreitung ihrer Wurzeln ist durch das Gefäß eine Grenze gesetzt, außerdem hat auch das vorhandene Pflanzsubstrat nur ein begrenztes Wasseraufnahme- und -speichervermögen. Und schließlich erwärmt sich das Substrat in Töpfen und Kübeln stärker, weil auch die Seitenwände der Sonneneinstrahlung ausgesetzt sind. Dadurch wird die Verdunstung von Wasser erhöht. Kübel aus Terrakotta sind zwar sehr dekorativ, doch ist das Material porös, sodass durch die Topfwand zusätzlich Wasser verdunstet.

41

Mehrjährige Pflanzen, die im Frühling frisch eingesetzt wurden, haben sich in ihrem ersten Sommer möglicherweise noch nicht ausreichend im Boden etabliert und brauchen an heißen Tagen ebenfalls etwas Wasser.

Verholzte Pflanzen wie Bäume, Ziersträucher und auch Rosen wachsen besser an, wenn sie in der Anfangszeit ein bisschen Starthilfe bekommen. Es sollte selbstverständlich sein, dass bei der Pflanzung reichlich organisches Material in das Pflanzloch gegeben wird. Gleichzeitig kann man ein Stück Gum-

Ein Außenwasserhahn ist im Sommer eine große Hilfe, besonders wenn die Regentonne leer ist.

mischlauch mit großem Durchmesser mit eingraben, der bis an den Wurzelbereich reicht und einige Zentimeter aus der Erde ragt. Geeignet ist auch eine

DER MOND

Gießen Sie stets an Blatttagen (Fische, Krebs, Skorpion), denn das Gießwasser soll ja vor allem dem oberirdischen Wachstum der Pflanze zugute kommen. An diesen Tagen können die Pflanzen das Wasser besonders gut speichern und verwerten, so dass sie bis zum nächsten Gießen, etwa acht oder neun Tage später, gewiss damit auskommen.

An Blütentagen (Zwillinge, Waage, Wassermann) sollten Sie das Gießen vermeiden, weil Wassergaben in dieser Zeit den Befall durch Schädlinge besonders begünstigen.

1,5-Liter-Plastikflasche (am besten eine transparente, die am wenigsten auffällt). Man schneidet den Boden der Flasche ab, schraubt den Deckel ab und gräbt sie kopfüber mit ein. Gibt man nun das Gießwasser in diesen „Einfüllstutzen", gelangt es direkt dorthin, wo es benötigt wird: an die Wurzeln. Gießt man an heißen Sommertagen auf die gesamte Erde im Wurzelbereich, so verdunstet ein Teil des Wassers schnell wieder, und ein weiterer fließt ab. Dadurch steht der Pflanze nicht genug Wasser zur Verfügung. Gießt man gezielt die Wurzeln, wird zudem wesentlich weniger Gießwasser benötigt.

Gießen Sie grundsätzlich auf die Erde und vermeiden Sie Tropfen auf den Blättern. In der Sonne wirken diese wie Brenngläser, und es können hässliche Brandflecken auf den Blättern entstehen. Bei bedecktem Himmel trocknen die Tropfen zwar nur langsam ab, aber dafür erhöht sich die Gefahr von Pilzinfektionen beträchtlich.

Wenn Sie Ihre Zimmerpflanzen einmal in einen warmen Sommerregen stellen möchten, damit der Staub von den Blättern gewaschen wird, sollten Sie das früh am Tag tun, damit die Blätter genug Zeit zum Trocknen haben.

Unkraut, Krankheiten und Schädlinge

Dass diese drei Themen zusammengefasst werden, hat seinen Grund. Viele Gärtner geraten in helle Aufregung, wenn hier und da ein unerwünschtes Kräutchen sprießt, wenn die Blätter einmal gelbe Flecken oder Ränder zeigen oder wenn mehr als ein Insekt gesichtet wird. Diese Gärtner sollten sich bewusst machen, dass Pflanzen keine Maschinen sind und nicht nach Plan funktionieren. Ihr Wohlbefinden und ihr Gedeihen hängen von vielen Faktoren ab. Wetter und Mondstand spielen sicherlich eine wichtige Rolle, doch alles andere liegt in der Hand des Gärtners. Er bestimmt, wohin er eine Pflanze setzt, bereitet ihren Boden mehr oder weniger gut auf und ist für ihre Pflege verantwortlich.

Bei richtiger Standortwahl und guter Pflege blühen und gedeihen Pflanzen. Sie werden robust und widerstandsfähig, sodass Krankheiten und Schädlinge

keinen großen Schaden anrichten können. Gewiss, hier und da wird man einen Makel beobachten – doch das gehört zur Natur des Gartens wie der Sonnenbrand zum Sommer.

Beim Thema Schädlinge denken viele Gärtner zuerst an Blattläuse, meist von den Rosen bekannt.

Unkraut

Keine Pflanze ist von Natur aus ein Unkraut. Erst wenn sie an einem vom Menschen nicht gewünschten Platz wächst, wird sie zum Unkraut. Weil Menschen aber ihre Gärten gestalten, um sie zu nutzen und sich an ihnen zu erfreuen, stören nicht eingeplante Pflanzen nun einmal, da sie den anderen Gewächsen Platz und Nährstoffe streitig machen. Wer deswegen jedoch gleich alle unerwünschten Pflanzen radikal beseitigt oder sogar mit chemischen Mitteln abtötet, begeht in ökologischer Hinsicht einen Fehler.

Die meisten „Un-Kräuter" sind in Wahrheit von menschlichem Zuchteifer unbehelligte Pflanzen, deren Existenz durchaus ihre Berechtigung hat. Viele sind seit Jahrhunderten wegen ihrer Heilwirkung bekannt, manche dienen nützlichen Insekten und anderen Tieren als Nahrung. In einem idealen Garten sollte es darum einige Ecken und Winkel geben, in denen auch diese Pflanzenarten wachsen dürfen. Und letztlich kann ihr abgeschnittenes Laub im Herbst als wertvolle Biomasse auf den Kompost geworfen werden.

Brennnesseln beispielsweise sind weder im Gemüse- noch im Staudenbeet gerne gesehen, doch sie liefern den Rohstoff für die hoch wirksame und vielseitig einsetzbare Brennnesseljauche. Außerdem dienen sie einer Reihe von Schmetterlingsraupen als Futterpflanzen. Kein Gärtner freut sich über gefräßige Raupen, doch wenn man

ihnen ihre Lieblingspflanzen als Nahrung anbietet, richten sie an den anderen Gewächsen weniger Schaden an.

Unkräuter im Zier- und Nutzgarten lassen sich auch bei optimaler Gartenpflege niemals ganz vermeiden. Wenn man aber den Boden vor der Aussaat

Die Larven dieser Weißen Baumnymphe und anderer Falter richten leider enormen Fraßschaden an.

oder Bepflanzung entsprechend vorbereitet, wird sich später die Besiedelung in Grenzen halten. Grundsätzlich sollte man allen unerwünschten Kräutern eher auf mechanische Weise zu Leibe rücken, statt zur chemischen Keule zu greifen. Die Gifte lassen sich kaum so auftragen, dass andere Pflanzen verschont bleiben, noch dazu belasten sie Boden und Grundwasser.

DER MOND

Ein bedeutender Beitrag zur Pflanzengesundheit ist der richtige Saattermin, bei dem jeweils der Pflanzentyp oder die verwertbaren Teile berücksichtigt werden:

Fruchtpflanzen:
  Widder, Löwe, Steinbock
Blattpflanzen:
  Krebs, Skorpion, Fische
Wurzelpflanzen:
  Stier, Jungfrau, Steinbock
Blütenpflanzen:
  Zwillinge, Waage, Wassermann

Der Garten bleibt länger unkrautfrei, wenn man zum Jäten Erdtage wählt (Steinbock, Widder, Jungfrau). Bei abnehmendem Mond kann auch an Wassermann-Tagen gejätet werden.

Schädlinge

Was für Kraut und Unkraut gilt, trifft auch auf willkommenes und unwillkommenes Getier zu. Die meisten Tiere, die im Garten unerwünscht sind, haben eine Funktion im Ökosystem des Gartens und bilden ein Glied in einer Nahrungskette. Trotzdem mag es kein Gärtner gern, wenn die Möhren wurmstichig sind oder die Schnecken den Rittersporn vernichten.

Wer an seinen Pflanzen Tiere entdeckt, sollte zuerst prüfen, ob es sich wirklich um Schädlinge handelt und ob vielleicht Pflegefehler die Ursache sind.

Schon unsere Vorfahren wussten, dass verschiedene Gemüsepflanzen sich gegenseitig vor Schädlingsbefall schützen. Inzwischen hat man dieses Prinzip wieder entdeckt und ihm den moder-

UNTERSCHLUPF FÜR VÖGEL

Eine Vogelschutzhecke könnte aus den folgenden Arten bestehen:
Bocksdorn *(Lycium)*, Brombeere *(Rubus)*, Feuerdorn *(Pyracantha)*, Sanddorn *(Hippophae)*, Schlehe *(Prunus spinosa)*, Wildrosen *(Rosa canina, Rosa rugosa u.a.)*, Weißdorn *(Crataegus)*, Berberitze *(Berberis)*.

DER MOND

Man sollte keinesfalls an einem Blütentag gießen, sonst ist mit erhöhtem Schädlingsbefall zu rechnen.

nen Namen „Mischkultur" gegeben *(mehr Informationen dazu im Abschnitt über Gemüse, Seite 90ff.)*.

Die beste Vorbeugung gegen Schädlinge besteht darin, möglichst viele ih-

Wer Vögel in seinen Garten locken möchte, lässt die Samenkapseln als Nahrung stehen.

rer natürlichen Feinde in den Garten zu locken. Vögel schätzen geschützte Nistplätze in Hecken, die im Idealfall im Winter noch Beeren tragen und ihnen Nahrung liefern. Ein optimales Refugium für Vögel schaffen Sie durch eine gemischte Hecke aus verschiedenen geeigneten Straucharten *(siehe links)*.

45

Diese Pflaumen sind von Flechten befallen.

Vögel im Garten

Insekten im Garten stören viele Menschen, die den Garten als Wohnzimmer im Freien nutzen wollen. Ihnen sollte jedoch klar sein, dass die meisten Insekten Nützlinge sind und nur wenige Schaden anrichten. Wespen beispielsweise vertilgen zahlreiche kleinere Schadinsekten. Und ohne Bienen würden die Erträge im Garten ausbleiben, denn Bienen sind die emsigsten – wenn auch nicht die einzigen – Bestäuber.

Damit sich bunte Falter in Ihrem Garten wohl fühlen und bei der Bestäubung mithelfen, sollten Sie sie mit der Anpflanzung geeigneter Blumen und Sträucher „einladen". Schmetterlinge sind Nektarsammler, die jedoch wegen ihres Körperbaus keine langen Strecken fliegen und auch nicht in der Luft stehen können. Aus diesem Grund brauchen sie neben Nahrung auch geeignete Ruheplätze. Daher fliegen Schmetterlinge auf Sommerflieder (Schmetterlingsstrauch, *Buddleia),* Salbei (Blüten stehen lassen), Ginster, Majoran, Disteln, Skabiose und andere duftende Blüten.

Auch ihre Raupen haben spezielle Vorlieben, und wenn man auf diese eingeht, kann man sich an einer reichen Schmetterlingspopulation erfreuen. Die gemeinhin ungeliebte Brennnessel ist beispielsweise die bevorzugte Futterpflanze verschiedener Schmetterlingsraupen, darunter der Admiral, der Kleine Fuchs, das Landkärtchen und das bekannte Tagpfauenauge.

Wer mehrmals hintereinander nur noch das ernten kann, was die Schnecken übrig lassen, und sich mächtig darüber ärgert, sollte in einem geschützten, halbschattigen Gartenwinkel einen Unterschlupf für Igel einrichten. Ein lockerer Reisighaufen, abgedeckt mit

DER MOND

Eine weitere Möglichkeit zur Schneckenbekämpfung ist das Auslegen der zerbröselten Schale von rohen Eiern. Die Schalen werden bei abnehmendem Mond zerkleinert und bei zunehmendem auf die Beete gestreut. Die Schnecken kriechen nicht über ihre spitzen Kanten, weil sie sich verletzen würden. Es ist wichtig, die beiden Mondstände zu berücksichtigen: Zerkleinert man die Schalen bei zunehmendem Mond, werden sie schnell weich. Und streut man sie bei abnehmendem Mond auf die Beete, werden sie zu schnell vom Erdreich aufgenommen.

Schnecken sind wohl die meistgehassten Tiere im Garten. Besonders gerne fressen sie Hosta.

sich die Kunde vom Freibier schnell verbreitet, sodass auch die Schnecken aus den Nachbargärten kommen werden und auf dem Weg zur Bierfalle zusätzlichen Schaden anrichten.

Wer die Schnecken absammeln will, sollte ihre Gewohnheiten genau kennen. Schnecken verkriechen sich tagsüber gern an dunklen, feuchten Plätzen. Legen Sie einige Dachpfannen in der Nähe besonders gefährdeter Beete aus, und entfernen Sie regelmäßig die Tiere, die sich dort verstecken. Ein Problem beim Absammeln ist allerdings das Entsorgen der Tiere. Ökologisch sinnvoll wäre es, sie in den Wald oder auf eine Viehweide zu bringen.

Laub, reicht da völlig aus. Lässt man hier und da einen Apfel im Garten liegen, werden sich bald Igel einstellen. Und wenn sie sich wirklich wohl fühlen, gründen sie im Reisighaufen vielleicht eine Familie. Es macht viel Spaß, an einem warmen Sommerabend zuzusehen, wie Mutter Igel ihre „brötchengroßen" Jungen durch den Garten führt, um ihnen die besten Schneckenplätze zu zeigen.

Ein allgemein bekanntes Rezept gegen Schnecken ist das Aufstellen von Bierfallen. Dazu werden Becher oder Gläser bis zum oberen Rand in den Boden eingegraben und mit Bier gefüllt. Tatsächlich lockt das Bier die Schnecken an, die dann in der Flüssigkeit ertrinken. Der Nachteil ist allerdings, dass

Dieser putzige kleine Kerl ist der übelste Feind aller Schnecken. Wenn Sie ihn im Garten halten können, haben Sie wegen der Schnecken nichts mehr zu befürchten.

47

Schädling/ Krankheit	Schutzpflanze
Mäuse	Knoblauch, Kaiserkrone, Steinklee
Ameisen	Lavendel, Rainfarn
Blattläuse	Knoblauch, Lavendel
Kohlweißling	Thymian, Beifuß, Tomaten, Salbei, Pfefferminze
Möhrenfliege	Salbei, Zwiebeln
Milben	Himbeeren
Erdflöhe	Knoblauch, Pfefferminze, Zwiebeln, Wermut
Mehltau	Knoblauch, Schnittlauch, Basilikum

Heilkräuter für Pflanzen

Wenn sich nun doch einmal Schädlinge derart im Garten ausbreiten, dass eine Bekämpfung erforderlich ist, sollten Sie sie absammeln oder zu pflanzlichen Hilfsmitteln greifen.

Eine Reihe von Pflanzen hat den Ruf, andere zu schützen. Bei besonders empfindlichen Pflanzen kann es schon ausreichen, ihnen sorgfältig ausgewählte, schützende Nachbarn als „Bodyguard" zur Seite zu stellen *(siehe Tabelle oben).*

Viele Wildkräuter eignen sich zur Herstellung von wirksamen Spritzmitteln gegen Schädlinge. Man kann sie als Tee, Brühe oder Jauche zubereiten *(siehe Tabelle Seite 49)*. Tee darf unverdünnt verwendet werden, Brühe verdünnt man im Verhältnis 1:3 bis 1:5,

Jauche muss mindestens im Verhältnis 1:5 mit Wasser gemischt werden.

Krankheiten

Es ist nicht einfach, Pflanzenkrankheiten ohne Chemie zu bekämpfen. Darum ist Vorbeugung immer der bessere Weg. Wenn dann doch einmal Symptome auftreten, tragen robuste Pflanzen meist keinen ernsten Schaden davon.

Viele Krankheiten werden durch Pilze verursacht; Pilzbefall wiederum wird durch Feuchtigkeit begünstigt. In einem feuchten, kühlen Sommer wird man etwa einen gewissen Befall mit Mehltau hinnehmen müssen. Befallene Pflanzenteile können abgeschnitten werden (am besten bei Neumond), und

Der Marienkäfer ist ebenfalls ein Nützling. Blattläuse gehören zu seinen Lieblingsspeisen.

wenn sich die Witterung bessert, treiben die Pflanzen oft wieder gesund aus.
Ähnlich verhält es sich mit dem Stern-
rußtau und anderen Pilzerkrankungen.

Pflegefehler begünstigen oft den
Befall mit Pilzen. Schimmel siedelt sich
leicht an, wenn bei nasser Witterung
der Mulch nicht gelüftet wird oder
wenn eine Mulchschicht direkt an den
Pflanzenstielen liegt. Oft sind auch fal-
sche Gießgewohnheiten die Ursache –
zu reichlich gegossene Pflanzen besitzen wenig Widerstandskraft.

Von Pilzen befallene Pflanzen kann
man mit Aufgüssen aus Zwiebelge-
wächsen (Zwiebel, Knoblauch, Schnittlauch) spritzen, doch leider ist der
Erfolg nicht immer sicher.

Viruserkrankungen sind schwierig zu
bekämpfen. Hier empfiehlt es sich,
gleich auf resistente Sorten auszuwei-
chen. Ein wichtiger Aspekt der Scha-
densverhütung durch Krankheiten und
Schädlinge ist die Einhaltung der

Fruchtfolge. Im Boden unter befallenen
Pflanzen befinden sich meist ebenfalls
Erreger, oder Schädlinge verkriechen
sich hier zum Überwintern. Setzt man
im nächsten Jahr die gleiche Pflanze
wieder dorthin, ist der Befall sicher.

Letztlich ist es aber nicht ein Über-
maß an Pflegeaufwand, das einen
gesunden Garten ausmacht. Viel wichtiger ist es, eine positive Beziehung zur
Natur zu entwickeln und von den
Impulsen, die sie gibt, zu lernen. Wer
den Rhythmus der Jahreszeiten respektiert und bei der Pflege des Gartens den
Rhythmus des Mondes nicht aus den
Augen verliert, wird reichlich Zeit finden, sich auch einfach einmal zurück-
zulehnen und den Garten zu genießen
– und das ist ja der Sinn der Sache.

Schädling	Spritzmittel aus ...
Apfelwickler	Ackerschachtelhalm
Spinnmilben	Ackerschachtelhalm, Himbeerblätter, Brennnessel, Knoblauch,
Kirschfruchtfliege	Ackerschachtelhalm
Blattläuse	Farnkraut, Kapuzinerkresse
Schildläuse	Farnkraut, Knoblauch
schwarze Bohnenblattlaus	Rhabarber
Lauchmotten	Rhabarber
Kohlweißling	Pfefferminze, Salbei, Tomaten, Thymian, Beifuß, schwarzer Holunder
Erdflöhe	Holunder (Kaltauszug), Wermut, Rainfarn, Pfefferminze, Zwiebeln
Erbsenwickler	Tomate

Rund ums Jahr

In jedem Monat bietet der Garten ein breites Betäti- gungsfeld. Der richtige Zeitpunkt beim Säen, Pflan- zen und Ernten entscheidet über den Erfolg.

Wer sich auf das Abenteuer Garten einlässt, der weiß, dass er rund ums Jahr genug zu tun haben wird. Der Rhythmus der Jahreszeiten bestimmt den Zeitpunkt vieler Arbeiten, doch um wirklich Freude an seinem Garten zu haben, darf man auch andere Aspekte wie das regionale Klima nicht außer Acht lassen. Zudem ist kein Jahr wie das andere. In manchen Jahren brechen viele Apfelbäume buchstäblich unter der Last ihrer Früchte zusammen. Im nächsten Jahr legen viele der Bäume vielleicht eine Ruhepause ein, oder ein Großteil der Ernte ist wurmstichig. Die Ursache lässt sich schwer erklären; die Folge sind höhere Preise auf den Märkten. Mit der Natur zu gärtnern heißt zum einen, sich auf solche Unwägbar-

Cox Orange ist eine ausgesprochen beliebte Apfelsorte mit angenehm süß-saurem Aroma.

keiten einzulassen, zum anderen machen gerade diese das Hobby „Gärtnern" zu einem Erlebnis.

Ein wichtiger Faktor für den gärtnerischen Erfolg ist der Einfluss des Mondes. Wer den Wechsel der Jahreszeiten respektiert, den Mond beobachtet und die vielfältigen Arbeiten so einteilt, dass sie jeweils zu einem möglichst günstigen Termin erledigt werden, orientiert sich an einem natürlichen Rhythmus und schafft so die besten Voraussetzungen für gutes Gedeihen und hohe Ernten.

Dieses Kapitel ist ein Streifzug durch das Gartenjahr. Unser Kalender schreibt für den 21. März den Frühlingsanfang fest – allerdings hält sich das Frühlingswetter nicht immer daran. Das klimatische Nord-Süd-Gefälle ist sogar innerhalb Mitteleuropas beträchtlich.

Für den Gärtner zahlt es sich aus, zusätzlich auf die Veränderungen in der Pflanzen- und Tierwelt zu achten, die nicht an feste Termine gebunden sind. Nach jahrhundertealtem Gärtnerwissen teilt man das Jahr aufgrund dieser Zeichen in zehn Jahreszeiten ein *(siehe Tabelle)*, die sich auch überschneiden.

Den meisten von uns fällt es allerdings leichter, sich am Monatskalender zu orientieren, darum basiert auch der Gartenkalender in diesem Kapitel darauf. Trotzdem sollten wir lernen, nicht in starren Kategorien zu denken, sondern ein besseres Gefühl für die Prozesse der Natur zu entwickeln.

Januar

Im Winter legen fast alle Pflanzen eine Ruhepause ein, die sie auch dringend nötig haben, um Kräfte für die neue Vegetationsperiode zu sammeln. Wenn sich aber im Januar die ersten Schneeglöckchen zaghaft aus der Erde wagen, kribbelt es vielen Gärtnern schon im grünen Daumen. Nur zu, es gibt viel zu tun, auch wenn der Boden teilweise noch hart gefroren ist.

Vorfrühling

Schneeglöckchen, Winterling und Zaubernuss blühen im Garten. In Feld und Wald öffnen Schwarzerle, Kornelkirsche und Salweide ihre Blüten. Die ersten Mücken sind zu sehen, gelegentlich hört man einen Vogel zwitschern.

Erstfrühling

Die Laubbäume und Sträucher bekommen zarte Blättchen, auf dem Waldboden blühen die Anemonen. Im Garten blühen die Forsythien. Vögel werden auf der Suche nach Nistplätzen aktiver.

Vollfrühling

Apfelbäume, Kastanien und Flieder blühen. Fichten und Tannen bekommen helle Triebe. Das Getreide auf den Feldern zeigt erstes Grün. Das Gezwitscher der Vögel erreicht seinen Höhepunkt.

Frühsommer

Der Schwarze Holunder und die Heckenrosen blühen, ebenso viele Getreidesorten. Pfeifenstrauch und die ersten Rosen bilden Knospen. Die Vögel sind stiller, weil sie nun mit dem Brüten beschäftigt sind. Dafür sind die Bienen auf der Suche nach Nektar unterwegs.

Hochsommer

Kartoffeln und Madonnenlilien blühen, Stachelbeeren, Johannisbeeren und Himbeeren sind reif. Auch Kirschen werden jetzt geerntet. Mohn, Margeriten, Rittersporn und viele andere Sommerblumen stehen in voller Blüte. Igel, Eidechsen und viele Schmetterlinge sind zu beobachten. Die Getreideernte beginnt.

Spätsommer

Eberesche, Heckenkirsche und viele andere Sträucher tragen leuchtende Früchte. Die Heide blüht, die frühen Äpfel und Birnen werden geerntet. Bienen und Schmetterlinge suchen nach Nektar, Wespen nach reifen Früchten.

Frühherbst

Die schwarzen Holunderbeeren sind reif, und die Herbstzeitlosen blühen. Die Ernte der Pflaumen beginnt, auch Äpfel und Birnen werden weiterhin gepflückt. Die Eichhörnchen bereiten sich auf den Winter vor und horten Vorräte. Die ersten Zugvögel sammeln sich für ihren Flug, Insekten suchen nach Plätzen zum Überwintern.

Vollherbst

Kastanien, Eicheln und Bucheckern sind reif, das Laub der Bäume färbt sich rot und gelb. Igel, Eichhörnchen und andere Gartengäste suchen nach Winterquartieren, Nachtfröste drohen.

Spätherbst

Die Bäume werfen ihre Blätter ab. Die Zugvögel sind abgereist, nur die überwinternden Vögel suchen noch im Laub nach Nahrung. Auf den Feldern geht der Winterweizen auf.

Winter

Oberflächlich scheint in der Natur alles zu ruhen, doch in Wirklichkeit läuft das Leben „auf Sparflamme" weiter. Bis Weihnachten ist es meist noch mild, ab Januar ist mit scharfem Frost zu rechnen. Nur das Wild ist jetzt aktiv auf Nahrungssuche und bricht gelegentlich in Gärten ein.

Ob man Hagebutten für Vögel als Nahrung stehen lässt oder ob man sie abschneidet, um einen zweiten Blütenflor zu begünstigen, ist im Einzelfall zu entscheiden.

Nutzgarten

✤ Wenn es nicht kälter als –5 °C ist, können Kernobstbäume, Beerensträucher und Ziergehölze beschnitten werden. Bei tieferen Temperaturen ist das Holz zu brüchig, es besteht Verletzungsgefahr. Der ideale Termin für den Gehölzschnitt ist der Neumond, weil sich danach die Pflanzen gut regenerieren.

✤ Im Gewächshaus kann das erste Gemüse gesät werden: Mangold, Wintersalat, Spinat, Winterportulak und Feldsalat sät man an Blatttagen, Kohlrabi und Radieschen an Wurzeltagen.

Ziergarten

✤ Eine dicke Schneeschicht auf Nadelbäumen muss abgeschüttelt werden, damit keine Äste unter der Last brechen.

✤ In einem Gartenteich muss man eine Fläche von Eis frei halten, damit die Wasserlebewesen ausreichend Sauerstoff bekommen und entstehende Gase entweichen können. Ein Strohballen oder ein Bündel Schilf am Ufer reicht aus, im Fachhandel gibt es auch schwimmende Eisfreihalter aus Styropor. Wenn es stark geschneit hat, sollte die Eisfläche des Teiches frei geräumt werden, damit Sonnenlicht ins Wasser gelangt.

✤ Kaltkeimer wie Eisenhut, Enzian, Primel und andere Arten können in einem milden Januar im Freien ausgesät werden – am besten in einer Schale, die bei Frosteinbruch ins Frühbeet gestellt wird. Blumen sät man generell am besten an einem Blütentag (Zwillinge, Waage, Wassermann).

✤ Wenn Efeu und Wilder Wein im vergangenen Jahr zu stark gewachsen sind, werden jetzt bei Neumond oder zunehmendem Mond die Spitzen und die Seitentriebe ausgeschnitten. Blühende Kletterpflanzen werden nur entspitzt. Die Seitentriebe schneidet man bei Bedarf nach der Blüte.

Balkon und Zimmer

✤ Balkon- und Kübelpflanzen im Winterquartier müssen regelmäßig auf Schädlinge inspiziert und von welken Blättern befreit werden. Ab und zu brauchen sie auch ein Schlückchen Wasser – man gießt etwa alle acht bis vierzehn Tage an einem Blatttag.

✿ Knollen und Zwiebeln im Winterlager müssen kontrolliert werden. Canna und Dahlien müssen leicht feucht gelagert werden, Gladiolen und Knollenbegonien trocken.

✿ Haben Sie Lust auf junges Gemüse? In der flach einfallenden Sonne gedeihen knackige Keimsprossen schon auf der Fensterbank und sorgen täglich für einen kräftigen Vitaminschub.

✿ Töpfe und Kübel mit Zwiebelpflanzen können etwas wärmer gestellt werden, um sie vorzutreiben.

Sonstiges

✿ Jetzt ist die beste Zeit, um die Gartengeräte in aller Ruhe zu kontrollieren, zu reparieren und eventuell noch Ersatz zu beschaffen.

✿ Bei einem winterlichen Gartenspaziergang kann man überprüfen, ob alle Zaunpfähle fest stehen. Notieren Sie Schäden und merken Sie für die Reparatur einen Jungfrau-Tag vor.

✿ Das Dach des Gewächshauses muss nach jedem heftigen Schneefall von der Schneeschicht befreit werden, vor allem,

Wenn man nicht alle verwelkten Pflanzenteile im Herbst entfernt, können sie so schön überfrostet werden.

wenn dort bereits die ersten Blumen- und Gemüsesamen keimen.

✤ Wenn Sie sich gern einmal warm arbeiten möchten, setzen Sie den Kompost um. Auch Kaminholz kann man gut bei knackiger Kälte hacken.

✤ Besonders viel Spaß macht es, im Winter in Katalogen von Versandgärtnereien zu blättern und Pläne für die nächste Saison zu schmieden. Nehmen Sie sich ruhig ein bisschen Zeit zum Träumen und Skizzieren.

Februar

In alten Kalendern wird der Februar auch „Hungermond" genannt. Noch in den Nachkriegsjahren waren um diese Zeit in vielen Familien die Wintervorrä-

te fast aufgebraucht, doch es konnte noch nichts geerntet werden. Höchste Zeit, sich die Ärmel hochzukrempeln und den Garten zu bestellen. Aber Vorsicht ist geboten: Eine andere alte Bauernregel warnt vor Feld- und Gartenarbeit, solange noch Erde an den Schuhen kleben bleibt.

Nutzgarten

Wenn der Boden ausreichend abgetrocknet ist, können die ersten Radieschen ins Freiland gesät werden.

✤ Lässt sich der Boden schon bearbeiten, kann eine dicke Schicht Kompost – falls vorhanden – aufgestreut werden. Auch Ackerbohnen als Gründünger können im Februar gesät werden.

✤ Höchste Zeit, das Gemüsebeet zu planen und die Sämereien zu kaufen. Achten Sie bei der Planung darauf, welche Pflanzen gute Nachbarn sind und welche sich weniger gut vertragen (siehe Tabelle Seite 88/89).

✤ Falls noch Grünkohl, Rosenkohl oder Feldsalat auf dem Gemüsebeet steht, wird er jetzt abgeerntet.

✤ Ende Februar können einige Gemüsesorten in Töpfen auf der Fensterbank vorgezogen werden, z. B. Kohlrabi und Kopfsalat. Wenn nach den zarten Keimblättchen die ersten beiden „echten" Blätter

---

ANZUCHT AUS SAMEN

Junge Sämlinge sind empfindlich, darum brauchen sie ein keimfreies Substrat. Man kann dafür spezielles Anzuchtsubstrat im Gartencenter kaufen oder normale Blumenerde im Backofen sterilisieren.

Das Substrat gibt man in flache Anzuchtschalen und feuchtet es leicht an.

Manche Pflanzen brauchen Licht zum Keimen, andere Dunkelheit. Lichtkeimer streut man auf die angefeuchtete Erde und drückt sie leicht an. Dunkelkeimer werden zusätzlich mit einer feinen Schicht Erde bedeckt. Als Faustregel gilt: Die Erdschicht sollte so dick wie die Samenkörner sein. Große Samen wie Bohnen oder Kürbis kann man auch in kleinen Einzeltöpfen (z. B. Joghurtbecher mit Drainageloch) anziehen.

Um den richtigen Aussaattermin festzustellen, ziehen Sie den Mondkalender zu Rate (Seite 120–127).

SCHNELLE GERÄTEPFLEGE

Ein sehr praktisches Hilfsmittel zur Pflege von Gartengeräten ist ein Eimer mit grobem Sand, der mit etwas Maschinenöl vermischt ist. Nach der Gartenarbeit kratzt man den groben Schmutz von den Geräten ab, dann steckt man sie einige Male in den Sandeimer und zieht sie wieder heraus. Der Sand schmirgelt feine Schmutzpartikel ab, gleichzeitig werden die Geräte geölt.

erscheinen, werden die Pflänzchen vorsichtig ins Frühbeet pikiert. Kohlrabi säen Sie möglichst an einem Wurzeltag, Salat an einem Blatttag.

✤ Im Frühbeet können jetzt schon frühe Sorten von Tomaten, Gemüsepaprika (an Fruchttagen), Kohl, Salat, Porree (an Blatttagen) und Kohlrabi (an Wurzeltagen) gesät werden.

✤ Spinat und Gartenkresse dürfen ins Freiland gesät werden, sobald der Boden offen ist. Optimal ist dafür ein Blatttag bei zunehmendem Mond.

Ziergarten

Rosen, die keinen Winterschutz benötigen, können jetzt geschnitten werden. Ein kräftiger Rückschnitt regt das buschige Wachstum an. Man schneidet die Triebe bei zunehmendem Mond über dem dritten oder vierten Auge, wobei das oberste Auge nach außen gerichtet sein soll. Besonders günstig für den Rosenschnitt ist ein Blatttag. An Blütentagen sollten Sie nicht schneiden, weil sich die Gefahr von Krankheitsbefall erhöhen kann.

✤ Die einjährigen Sommerblumen können im Gewächshaus, in einem hellen Kellerraum oder auf der Fensterbank eines kühlen Raumes an einem Blütentag ausgesät werden.

✤ Auch robuste Stauden und Ziergräser können schon gepflanzt werden – möglichst bei zunehmendem Mond und nur, wenn der Boden nicht gefroren ist.

An einem frostigen Wintertag bilden sich wunderbare „Eisblumen" im Garten. Diese Schönheit kann mit der von bunten Sommerblumen konkurrieren.

✤ Immergrüne Pflanzen verbrauchen auch im Winter Wasser. Gießen Sie sie bei anhaltend trockenem Wetter an einem frostfreien Blatttag.

Balkon und Zimmer

Bald sollen die Kübel und Töpfe neu bepflanzt werden. Denken Sie rechtzeitig daran, sie mit milder Seifenlauge und einer harten Bürste gründlich zu reinigen. Kontrollieren Sie jetzt auch die Blumenkästen auf dem Balkon: Muss etwas repariert oder eventuell erneuert werden? Sind die Halterungen noch intakt und auch stabil?

Pelargonien, im Volksmund oft noch Geranien genannt, lassen sich gut zurückschneiden und im Keller überwintern.

✻ Fuchsien, Pelargonien und andere Balkonpflanzen, die überwintert haben, werden an einem Neumondtag zurückgeschnitten.

✻ Auch Zimmerpflanzen können jetzt bereits umgetopft werden – am besten wählen Sie für diese Tätigkeit eine Phase mit zunehmendem Mond.

Sonstiges

Im Februar können die Temperaturen stark schwanken. Wo eine Laubschicht als Winterschutz aufgelegt wurde, sollte sie jetzt gelockert werden. Günstig hierfür ist ein Jungfrau-Tag.

✻ Allmählich sollten Sie darauf verzichten, die einheimischen Vögel zu füttern. Sofern keine dicke Schneedecke die Landschaft überzieht, finden die Tiere wieder ausreichend Nahrung.

✻ Nistkästen sollten allerspätestens jetzt abgenommen, gereinigt und eventuell repariert werden.

✻ Eingelagertes Obst und Gemüse sollte regelmäßig kontrolliert werden.

✻ Muss das Messer des Rasenmähers geschärft werden, oder braucht die Teichpumpe eine Inspektion? Dann wird es jetzt höchste Zeit dafür.

März

Im März stellen wir die Uhren auf Sommerzeit um, und die Tage werden spürbar länger. Unsere Lebensgeister erwachen, und auch in der Natur regt sich überall neues Leben.

Nutzgarten

Jetzt sollten Sie restliches Herbstlaub, Mulch und abgestorbene Pflanzenreste von den Beeten entfernen, damit sich der Boden erwärmen kann.

✻ Steinbock-Tage sind ideal zum Jäten von Unkraut. Je früher Sie dem Unkraut

DAS FRÜHBEET

Wer kein Frühbeet hat, sollte jetzt noch schnell eins bauen. Für eine Einfach-Version brauchen Sie nicht mehr als einen viereckigen Kasten aus Holz, der mit Blumenerde gefüllt und mit Folie abgedeckt wird. Stabiler als Folie ist eine Abdeckung aus Glas oder Plexiglas. Leichte Frühbeet-Kästen kann man problemlos von einem Platz zum anderen tragen.

Wer den Frühbeetkasten fest installiert, kann eine „Fußbodenheizung" einbauen. Dazu hebt man die Erde im Beet 50 cm tief aus, legt etwas Laub auf den Grund der Grube und füllt eine 40 cm dicke Schicht frischen Pferdemist auf. Darüber kommt wieder eine Schicht Laub, dann wird alles gut festgestampft. Mit geschlossenem Glasdeckel muss das Beet nun etwa eine Woche lang ruhen, dann wird eine 20 cm dicke Schicht Erde aufgefüllt, in die gesät werden kann. Der Pferdemist entwickelt beim Verrotten Wärme, die die Keimung der Samen beschleunigt.

in den Beeten zu Leibe rücken, umso besser und nachhaltiger wirkt es.

❋ Obstbäume und -sträucher können jetzt gepflanzt werden. Wählen Sie dafür einen Blatt- oder Fruchttag bei zunehmendem Mond.

❋ Viele Kräuter und Gemüse können ins Freiland gesät werden. Günstig ist ein Blatttag bei zunehmendem Mond.

❋ Gewächshaus und Frühbeet regelmäßig lüften. Wenn sich Kondenswasser bildet und auf die jungen Pflanzen tropft, drohen Pilzerkrankungen.

Ziergarten

Entfernen Sie restliches Herbstlaub vom Rasen, und geben Sie es auf den Kompost. Jetzt ist auch ein guter Zeitpunkt zum Vertikutieren. Dabei wird die Grasnarbe mit einem speziellen Gerät aufgerissen, Moos wird teils entfernt, Wasser und Sauerstoff können besser in den Boden eindringen. Den Rasen pflegt man am besten an Blatttagen.

❋ Wollen Sie den reinen grünen Rasen in eine blühende Blumenwiese verwandeln? Dann sollten Sie jetzt reichlich Sand auf den Boden streuen und eventuell einarbeiten, um ihn abzumagern.

Einjährige Sommerblumen können jetzt gesät werden – entweder unter Glas oder gleich ins Freiland.

Nun ist es an der Zeit, Mohn auszusäen. Es gibt aber auch Mohnstauden, wie hier auf dem Foto.

✤ Viele einjährige Blumen können ins Freiland gesät werden, z. B. Ringelblume, Mohn, Wicke, Schleifenblume, Schleierkraut. Ideal ist ein Blütentag bei zunehmendem Mond.

✤ Im März kann man noch Rosen pflanzen. Wer wurzelnackte Rosen gekauft hat, sollte sie vor der Pflanzung für mindestens 24 Stunden in einen Eimer mit Wasser stellen. Denken Sie daran, dass Lavendel und Knoblauch besonders gute Nachbarn für Rosen sind, weil sie Blattläuse fern halten.

✤ Haben Sie reichlich Narzissen mit kräftigen Stielen im Garten und möchten gern einen Strauß binden? Fügen Sie keine anderen Blumen in den Strauß, denn der giftige Saft der Narzissen lässt diese im Nu verwelken.

✤ Werden Blumensträuße bei zunehmendem Mond geschnitten, halten sie länger – probieren Sie es selbst aus!

✤ Wenn sich Ende März das Wasser im Teich schon erwärmt hat, können bei zunehmendem Mond erste Uferpflanzen eingesetzt werden.

Balkon und Zimmer

✤ Balkon- und Kübelpflanzen können am Neumondtag letztmalig zurückgeschnitten werden.

✤ Wenn es wärmer wird, brauchen die Pflanzen im Winterquartier mehr Wasser. Auch eine Portion Dünger tut ihnen jetzt gut. Gegossen wird an Blatttagen, gedüngt wird bei Vollmond.

✤ Der März ist der optimale Monat zum Umtopfen der meisten Zimmerpflanzen. Günstig ist für diese Arbeit der abnehmende Mond, weil die Wurzeln dann schneller wieder Fuß fassen.

✤ In Balkonkästen und Kübeln können bei zunehmendem Mond die ersten Frühlingsblumen gepflanzt werden. Ideal dafür sind Lufttage.

✤ Robuste Kübelpflanzen können schon ins Freie gestellt werden. Olivenbäumchen, Lorbeer und Jasmin vertragen kurzzeitig Temperaturen um 0 °C, und wenn der Wetterdienst doch noch einmal stärkeren Frost ansagt, sind sie schnell wieder eingeräumt.

Sonstiges

✤ Reifer Kompost kann jetzt gesiebt werden, wobei die gröberen Rückstände neu aufgesetzt werden. Der feinkrümelige Humus wird auf die Beete verteilt.

✤ Achten Sie jetzt schon auf die ersten Schnecken, und sammeln Sie sie an Skorpion-Tagen ab.

April

In diesem Monat wird es im Garten endlich bunt. Viele Blüten öffnen sich, die ersten Raupen und Larven werden aktiv, auch die Marienkäfer krabbeln aus ihrem Winterquartier.

Eine Kräuterspirale ist praktisch. Die meisten Kräuter kann man im April gleich in die Spirale säen.

Bei allem Enthusiasmus sollte man aber die sprichwörtliche Launenhaftigkeit des Aprils nicht vergessen.

Nutzgarten

✤ Bei zunehmendem Mond dürfen alle Kräuter und die meisten Gemüse ins Freiland gesät werden. Sollte doch noch einmal eine Kälteperiode einbrechen, decken Sie die Saat nachts mit Folie ab. Wenn die Temperaturen tagsüber wieder über 0 °C steigen, muss die Folie gelüftet werden, damit sich kein Kondenswasser bildet (Gefahr der Pilzbildung).

✤ Die Aussaat im Freiland steht an. Ziehen Sie Rillen für die einzelnen Sorten.

> **FREILAND-AUSSAAT IM MÄRZ**
>
> **Kräuter:** Majoran, Thymian, Lavendel, Petersilie, Schnittlauch, Dill, Kerbel
> **Gemüse:** Spinat, Radieschen, Rettich, Tomaten, Kohlrabi, Knoblauch, Steckzwiebeln, Dicke Bohnen, frühe Möhren, Blumenkohl, Sellerie

REICHE ERNTE VOM BALKON

Wer keinen Garten hat, kann auch auf dem Balkon viele Gemüsesorten ziehen. Welche Mengen und Arten möglich sind, hängt vor allem von der Lage des Balkons und der Anzahl sowie der Größe der Pflanzgefäße ab. Cocktailtomaten, Paprika, Auberginen und Zucchini beispielsweise gedeihen sehr gut auf einem windgeschützten Südbalkon.

Auch Bohnen lassen sich gut in Kübeln und Kästen ziehen. Feuerbohnen haben den zusätzlichen Vorteil, dass sie mit ihren dekorativen Blättern und den leuchtend roten Blüten schnell einen grünen Sichtschutz bilden.

Küchenkräuter sollten auf keinem Balkon fehlen, sie gedeihen ausgezeichnet in Kübeln und Kästen.

Die Reihenabstände dürfen nicht zu eng sein, damit die Pflanzen sich entsprechend ausbreiten können.

Größere Samen, z. B. Bohnen oder Erbsen, kann man leicht einzeln und präzise von Hand in die Erde stecken.

Kapuzinerkresse sieht hübsch aus, bildet schnell viel Blattwerk als Sichtschutz auf dem Balkon. Die essbaren Blüten schmecken pfeffrig.

Mittelgroße Samen wie Radieschen oder Rettich gibt man am besten auf ein Stück Papier, das vorher in der Mitte scharf geknifft wurde. Hält man das Papier nun über die Saatrille und klopft mit der freien Hand behutsam dagegen, gleiten die Samen gleichmäßig in die Erde. Sehr feine Samen mischt man am besten mit Sand und sät sie ebenfalls mit einem geknifften Papier aus. Der Sand sorgt dafür, dass die Samen nicht zu dicht fallen, außerdem lässt sich so gut erkennen, wo schon Samen liegen.

❊ Überwinterte Gründüngerpflanzen werden jetzt an einem Erdtag (ideal ist Jungfrau) eingearbeitet; auf noch leeren Beeten können bei zunehmendem Mond Ackersenf oder Hülsenfrüchte als Gründüngung gesät werden.

❊ Die im Haus oder Gewächshaus vorgezogenen Gemüsesorten werden bei zunehmendem Mond ins Beet gepflanzt. Dazu gehören Kohlrabi, Salat, Blumenkohl, Porree, Kopfsalat, Wirsing und andere frühe Kohlsorten.

❊ Erdbeeren und Beerensträucher können bei zunehmendem Mond gepflanzt werden. Beerenobst ist recht anfällig für Grauschimmel. Vorbeugend wirkt eine Spritzung mit Schachtelhalmbrühe, die aufgebracht werden sollte, wenn der Mond gerade abnimmt.

❊ Kapuzinerkresse ist eine dekorative Zierpflanze, die auch im Nutzgarten nicht fehlen sollte. Blattläuse sind ganz wild auf die Kresse, darum kann man sie

dort pflanzen, wo man andere Nutzpflanzen vor Läusen schützen will, z. B.
auf der Baumscheibe von Obstbäumen.
✤ Wenn der Boden mindestens 7 °C
warm ist, können vorgekeimte Saatkartoffeln in Rillen gelegt, mit Erde ange-
häufelt und mit Folie abgedeckt werden. Saatkartoffeln legt man im Idealfall bei Vollmond.
✤ Die Schädlinge werden aktiv. Halten
Sie die Augen offen und bekämpfen Sie
sie gegebenenfalls bei abnehmendem
Mond mit Kräuterjauchen *(siehe Seite 38)*.
Oberirdische Schädlinge bekämpft man
an Krebs-, Zwillinge- und Schützetagen,
unterirdische an Erdtagen (Stier, Jungfrau, Steinbock).

GOLFRASEN ODER BLUMENWIESE

**Diese Entscheidung ist natürlich eine
Frage des persönlichen Geschmacks. Wer
Kinder hat, wird den Rasen als Spielflä-
che schätzen, ansonsten ist eine Blumenwiese sehr pflegeleicht, denn sie muss
nur ein- bis zweimal im Jahr mit der
Sense oder dem Balkenmäher geschnitten werden. Lediglich im ersten Jahr sind
mehrere Schnitte sinnvoll, damit die
Wiese dicht wächst.**

**Die typischen Wiesenblumen gedeihen
auf sehr kargen Böden. Aus diesem
Grund muss ein Rasen vor der Einsaat
von Blumensamen „abgemagert" werden,
indem Sand aufgestreut wird. Wenn der
Rasen vorher gründlich vertikutiert wurde, kann man die Blumensamen gleich
mit dem Sand mischen.**

Ziergarten

Stauden, die im Sommer und Herbst
blühen sollen, müssen jetzt bei zunehmendem Mond und möglichst an
einem Blütentag gepflanzt werden.

Wer ein großes Gartengrundstück hat, muss sich
glücklicherweise nicht zwischen Blumenwiese oder
Golfrasen entscheiden – er kann beides haben.

✤ Wicken, Sonnenblumen, Schmuck-
körbchen, Ringelblumen, Kapuzinerkresse und andere einjährige Sommerblumen werden bei zunehmendem
Mond an Blütentagen ins Freiland gesät.
✤ Im April muss der Rasen zum ersten
Mal gemäht werden. Wenn Ihr Mäher
keinen Fangkorb hat, sollten Sie den

Grasschnitt abrechen, damit das Gras leichter nachwachsen kann. Mäht man bei zunehmendem Mond, wächst das Gras schneller wieder nach.

✿ Am günstigsten für die Anlage, Reparatur oder Erweiterung eines Gartenteichs ist selbstverständlich ein Wassertag. Teichgräser setzen Sie am besten an einem Blatttag ein, blühende Pflanzen (Seerosen) dagegen an einem Blütentag.

✿ In diesem Monat sollten Sie alle Staudenbeete gründlich ausputzen. Unkraut wird entfernt, Stauden können bei zunehmendem Mond noch geteilt und umgepflanzt werden. Auch für die Anlage neuer Beete ist die Zeit günstig.

✿ Dahlien und Gladiolen dürfen in der zweiten Aprilhälfte bei zunehmendem Mond an einem Lufttag gepflanzt werden. Nur in Regionen mit sehr rauem Wetter sollte man bis Mai warten.

Balkon und Zimmer

✿ Kübelpflanzen, die im Haus überwintert haben, dürfen bald wieder ins Freie gestellt werden. Gönnen Sie ihnen eine Übergangzeit in einem helleren, wärmeren Raum, oder stellen Sie sie tagsüber für einige Stunden nach draußen. Vergessen Sie nicht, wieder regelmäßig an Blatttagen zu gießen und leicht zu

Einen Teich anzulegen ist mühevoll und auch relativ kostspielig – er macht aber auch viel Freude.

düngen (entweder bei Vollmond oder kurz danach).

❊ Große Kübelpflanzen
müssen alle drei bis vier
Jahre umgetopft werden –
spätestens dann ist das
Substrat ausgelaugt. Am
besten nimmt man diese
Arbeit in Angriff, ehe die
Pflanzen kräftig austreiben,
denn die jungen Triebe
brechen beim Hantieren
mit den Pflanzen leicht ab.
Ist eine Pflanze so groß,

Eine Vogelscheuche kann durchaus ein witziges
Gartenelement sein – Kreativität ist hier gefragt.

dass man den Wurzelballen nicht mehr
aus dem Kübel heben kann, sollte man
zumindest die oberste Erdschicht so
weit wie möglich abtragen und neu auf-
füllen. Diese Arbeiten nimmt man am
besten an einem Erdtag vor.

❊ Behalten Sie Ihre Balkonpflanzen im
Auge, denn noch können Nachtfröste
auftreten. Decken Sie die Pflanzen an
kalten Abenden mit Luftblasenfolie ab.
Vergessen Sie aber auf keinen Fall, die
Folie tagsüber zu lüften; Kondenswasser
begünstigt Pilzbefall.

❊ Die Frühlingssonne kann schon kräftig brennen. Empfindliche Pflanzen an
Südfenstern sollten Sie in der Mittags-
zeit mit einem Stück Karton beschatten.

Sonstiges

❊ Die Vögel werden aktiv und begeben
sich auf die Suche nach geeigneten Nistplätzen. Nistkästen sollten so aufge-

hängt werden, dass das Einflugloch von
der Hauptwetterseite (Regenseite) abge-
wandt ist. Schließlich soll es den gefie-
derten Gästen nicht ins „Kinderzim-
mer" regnen. Nistkästen außer Reich-
weite von Nesträubern zu hängen,
sollte selbstverständlich sein.

❊ Sie lieben Vögel im Garten, wollen
aber nicht die Gemüsesamen mit ihnen
teilen? Suchen Sie im Haushalt einige
geeignete Materialien zusammen, und
geben Sie bei Ihren Kindern oder Nach-
barskindern kleine Vogelscheuchen in
Auftrag. Sie werden über den Einfalls-
reichtum der Kleinen staunen.

❊ Die Zeit der großen Frostgefahr ist
vorüber, jetzt können Außenwasserhäh-
ne, fest verlegte Schläuche und Regen-
tonnen wieder angeschlossen werden.

Machen Sie gleich einen Probelauf, und kontrollieren Sie, ob eventuell während des Winters Schäden aufgetreten sind. Für alle Arbeiten an Wasserinstallationen sind Wassertage günstig.

✿ Die erste Kräuterjauche zum Düngen und zur Schädlingsbekämpfung kann nun angesetzt werden.

FRÜHLINGS-ZWIEBELN

Schneeglöckchen, Krokusse, Narzissen, Tulpen und viele andere Frühlingsblumen sind Zwiebel- und Knollengewächse. Zwiebeln und Knollen sind Speicherorgane, die den Pflanzen helfen, den trockenen Sommer und den kalten Winter zu überdauern.

Damit die Zwiebeln ausreichende Nährstoffvorräte sammeln können, darf man das Laub der Blumen nicht abschneiden, solange es noch grün ist. Erst nach dem natürlichen Abwelken wird es entfernt.

Bei vielen Zwiebelblumen nimmt die Blühfreudigkeit mit den Jahren ab. Direkt nach der Blüte kann man die Horste ausgraben, teilen und an verschiedenen Plätzen wieder einpflanzen. Dafür ist ein Erdtag bei abnehmendem Mond der günstigste Zeitpunkt, damit sich die Zwiebeln für die Ruhezeit gut im Boden etablieren.

Mai

In der Walpurgisnacht, der Nacht auf den 1. Mai, trafen sich einst die Hexen zum Tanz. Noch heute tanzt man in den Mai und vertreibt böse Geister mit Maifeuern. Und dann kann der schönste Gartenmonat beginnen.

Nutzgarten

✿ Viele Kräuter- und Gemüsesaaten sind aufgelaufen und müssen nun ausgelichtet werden. Verzichtet man auf das Auslichten, haben die Pflanzen nicht genügend Platz und können sich deshalb nicht richtig entwickeln.

✿ Der Boden erwärmt sich, und ebenso wie die Saaten wachsen nun auch die Unkräuter kräftig. Da heißt es jäten, jäten, jäten. Am besten an Steinbock-Tagen, dann wächst das Unkraut nicht so schnell nach.

✿ Vorsicht, Möhrenfliege! Beim Jäten und Auslichten von Möhrensämlingen sollten Sie besonders behutsam vorgehen. Werden die Möhrenpflänzchen geknickt, verströmen sie einen Duft, der für die Möhrenfliege geradezu unwiderstehlich ist. Bei Befall spritzen Sie mit Zwiebelauszug.

✿ Erdbeerbeete werden an einem Erdtag mit Stroh gemulcht, damit die Früchte nicht die Erde berühren, sonst droht Grauschimmelbefall.

✿ Die Kräuter treiben kräftig aus, und für die Küche kann reichlich geerntet werden. Die würzigen Blättchen sind besonders aromatisch, wenn man sie an einem Blatttag erntet.

❊ Busch- und Stangenbohnen können ab Anfang Mai bei zunehmendem Mond ins Freiland gesät werden. Bohnenstangen müssen vorher gründlich gereinigt und möglichst desinfiziert werden, damit keine Krankheitserreger die Ernte gefährden.

❊ Kürbisse, die in Töpfen vorgezogen wurden, werden nach den Eisheiligen (ab dem 15. Mai) ausgesetzt. Alternativ kann man Kürbisse jetzt auch ins Freiland säen. Für beide Arbeiten ist der zunehmende Mond der ideale Zeitpunkt.

❊ Das erste junge Gemüse kann geerntet werden. Radieschen und Rettiche, Kohlrabi, Salate und Spinat bereichern den Speisezettel, auch Rhabarber ist reif. Für den Frischverbrauch kann täglich geerntet werden. Wer Obst und Gemüse konservieren möchte, sollte ebenfalls auf den Mondstand achten.

KÖSTLICHE KEIMLINGE

Den meisten Gärtnern tut das Auslichten in der Seele weh. Da hat man den Boden bereitet, die Samen in die Erde gelegt, gewässert und vor Frost geschützt – und nun soll man die Keimlinge ausreißen? Das Auszupfen ist sicherlich unerlässlich, doch ebenso wie die Keimlinge von der Fensterbank schmecken sie köstlich im Salat oder einfach auf einer Scheibe Brot mit Frischkäse oder Quark.

Pfingstrosen sind „sesshaft". Das Umpflanzen nehmen sie übel und machen eine Blühpause.

Ziergarten

Zweijährige Sommerblumen können bei zunehmendem Mond ausgesät werden. Zum Keimen lieben sie es feucht und dunkel, danach mögen sie einen halbschattigen, eher trockenen Platz. Im ersten Jahr tragen zweijährige Blumen noch keine Blüten. Zupfen Sie nicht versehentlich mit dem Unkraut auch die Jungpflanzen aus.

❊ Forsythien und andere frühlingsblühende Sträucher können nach der Blüte ausgelichtet werden – am besten an einem Neumondtag.

❊ Das Wasser im Gartenteich hat sich allmählich erwärmt. Wenn ein Großreinemachen fällig ist, nehmen Sie es jetzt in Angriff. So haben die Pflanzen bis zum Herbst ausreichend Zeit, sich zu erholen. Für alle Arbeiten am Gartenteich empfehlen sich Wassertage *(siehe auch „Teichreinigung", Seite 73)*.

✼ Knollen frostempfindlicher Pflanzen (Dahlien, Gladiolen, Calla, Begonien, Montbretien) kommen bei zunehmendem Mond in die Erde.

✼ Die ersten Frühlingsblumen sind nun verblüht. Welke Blüten und eingezogenes, gelbes Laub sollten entfernt werden. Verblühte Steingartenstauden werden abgeschnitten und können bei zunehmendem Mond geteilt werden.

Balkon und Zimmer

✼ Jetzt können alle Kübelpflanzen ins Freie gestellt werden. Bis zu den Eisheiligen sollten Sie jedoch die Wetterlage im Auge behalten und Luftblasenfolie als Frostschutz bereitlegen.

✼ Die ersten Balkonblumen sind verblüht, die zweite Bepflanzung kann folgen. Pflanzen Sie bei zunehmendem Mond an einem Lufttag.

✼ Zimmerpflanzen sowie alle Gewächse in Kübeln und Kästen wachsen um diese Zeit kräftig. Weil ihnen nur ein begrenztes Maß an Erde zur Verfügung steht, müssen sie regelmäßig gegossen werden (bevorzugt an Blatttagen). Bei Vollmond düngen!

Sonstiges

Setzen Sie Schachtelhalmbrühe an. Sie hilft gegen Mehltau an Rosen und gegen Grauschimmel an Erdbeeren. Bei abnehmendem Mond spritzen.

Der günstigste Zeitpunkt, um Bäume zu beschneiden, ist erwiesenermaßen bei Neumond.

✼ Achten Sie jetzt besonders auf Schädlinge. Schnecken müssen abgesammelt oder mit Eierschalen vergrault werden; anderem Ungeziefer kann man bei abnehmendem Mond mit Kräuterjauchen und -auszügen zu Leibe rücken *(siehe Seite 38)*.

✼ An den Feldrändern blüht der Holunder. Für den Genuss von Holunderblütentee im Winter muss man jetzt Holunderblüten sammeln und trocknen. Die Blüten möglichst vormittags an einem trockenen Blütentag schneiden und an einem schattigen, luftigen Ort zum Trocknen ausbreiten.

Juni

In diesem Monat löst laut Kalender der Sommer den Frühling ab. Überall blüht und grünt es, und in vielen Gärten bricht mit der Freiluftsaison auch das Grillfieber aus. Eine schöne Tradition ist es, die Mittsommernacht mit einem Gartenfest zu begehen.

Nutzgarten

❇ Die Erdbeeren sollte man noch einmal an einem Erdtag mit Stroh mulchen, um der Grauschimmelbildung wirksam vorzubeugen.

❇ Bei Strauchtomaten werden die Seitentriebe ausgeknipst (ausgegeizt), sonst bildet die Pflanze mehr Früchte, als sie versorgen kann. Für eine Düngergabe – am besten bei Vollmond – sind die Pflanzen nun dankbar.

❇ Wildtriebe und Wasserschosser an Obstgehölzen müssen entfernt werden. Am schonendsten gelingt dies von Hand. Für alle Schnittmaßnahmen ist der Neumond optimal.

❇ Ins Freiland werden nun die Gemüse für die Spätsommer- und Herbsternte gesät: Steckrüben, Rotkohl, Weißkohl, Kohlrabi, Blumenkohl, Pastinaken, Winterendivien und noch einmal Salate. Zur Erinnerung: Blatt-, Blüten- und Fruchtgemüse bei zunehmendem Mond säen, Wurzelgemüse hingegen bei abnehmendem Mond.

❇ Zucchini können noch gepflanzt werden, sofern auf einem Beet reichlich Platz frei ist. Vorsicht: eine Pflanze pro Person reicht völlig aus. Zucchini tragen so viel, dass man die Ernte sonst kaum verarbeiten kann.

❇ Über eine reiche Obsternte freut sich wohl jeder. Doch wenn die Früchte zu dicht hängen, müssen sie frühzeitig ausgedünnt werden, sonst bleiben sie klein und sind nicht so aromatisch.

❇ Die Erdbeerernte beginnt, auch Süßkirschen und Beerenobst sind reif. Rhabarber und Spargel sollen nach dem 24. Juni (Johanni) nicht mehr geerntet werden. Beide Pflanzen brauchen nun eine Ruhepause, damit sie in der nächsten Saison wieder Erträge liefern.

❇ Ausläufer von Erdbeeren sollten abgeknipst werden, damit sie der Mutterpflanze nicht unnötig Kraft entziehen. Wer die Pflanzen vermehren möchte, setzt einige bewurzelte Jungpflanzen bei zunehmendem Mond auf ein neues, gut vorbereitetes Beet.

Ziergarten

Gemswurz und Polsterglockenblumen, Gänsekresse und andere Frühlingsblumen sind mittlerweile verwelkt. Wenn

Zucchiniblüten sind essbar: Sie sind fester Bestandteil der italienischen Küche und verschönern auch heimische, gemischte Blattsalate.

Auch für die „Ernte" von Schnittblumen gibt es eine Mondregel: Bei zunehmendem Mond schneiden.

man sie jetzt zurückschneidet, folgt oft ein zweiter Blütenflor.

✤ Von vielen Zierpflanzen kann man jetzt Stecklinge zur Vermehrung schneiden *(siehe Kasten Seite 71)*.

✤ Kontrollieren Sie bei Regenwetter Ihre Rosen, und halten Sie bei Mehltaubefall Schachtelhalmbrühe bereit. Gespritzt wird bei abnehmendem Mond.

✤ Verwelkte Rosenblüten sollten regelmäßig abgeschnitten werden, das regt zu neuer Blütenbildung an.

✤ Wer eine Blumenwiese hat, muss jetzt zum ersten Mal zur Sense greifen. Das Sensen will geübt sein und verursacht anfangs Muskelkater. Mähen Sie am besten in Etappen – das sieht schöner aus als ein großflächiger Kahlschlag.

✤ Mäht man bei zunehmendem Mond, wächst die Wiese schneller nach.

✤ Möchten Sie sich von der Blütenpracht im Garten einen Strauß ins Haus holen, sollten Sie das bei zunehmendem Mond tun. Die Blumen halten dann länger in der Vase.

✤ Breiten sich im Gartenteich Algen aus? Dann sollten Sie schnellstens Unterwasserpflanzen einsetzen, die den Algen die Nährstoffe streitig machen. Geeignet sind Tausendblatt, Wasserfeder, Hornkraut oder Krebsschere. Gelbe Seerosenblätter regelmäßig entfernen, sonst verrotten sie im Wasser und düngen somit die Algen. Erledigen Sie das an Wassertagen.

✤ Beobachten Sie die Vögel im Garten. Wenn die Jungvögel flügge sind, können bei Neumond Laub abwerfende Hecken geschnitten werden. In manchen Städten oder Gemeinden ist der Gehölzschnitt zu bestimmten Zeiten verboten; erkundigen Sie sich vorher.

Balkon und Zimmer

Bei einjährigen Blumen sollten Sie alle verwelkten Blütenstände regelmäßig ausknipsen. Dann treiben die Blumen immer neue Blüten, weil sie mit aller Macht Samen bilden wollen.

✤ Pflanzen in Kübeln und Kästen sollten bei Vollmond oder kurz danach gedüngt werden. In trockenen Perioden sollten Sie unbedingt gießen – möglichst morgens an Blatttagen.

✿ Vergessen Sie vor lauter Gartenarbeit nicht die Zimmerpflanzen. Die brauchen jetzt viel Wasser und sollten vor der Mittagssonne geschützt werden. Viele danken es Ihnen auch, wenn sie auf der Terrasse „Urlaub machen" dürfen.

Sonstiges

✿ Unkraut muss jetzt regelmäßig entfernt werden Jäten Sie nach Möglichkeit an Steinbock-Tagen.
✿ Offene Beetflächen sollte man an Erdtagen oder bei abnehmendem Mond regelmäßig auflockern, damit der Boden besser Feuchtigkeit aufnehmen kann.
✿ Blattläuse, Dickmaulrüssler und Schnecken treiben ihr Unwesen im

Garten. Nehmen Sie sich an einem Krebs-, Zwillinge- oder Schütze-Tag eine Stunde Zeit zur Bekämpfung aller oberirdischen Schädlinge.

Juli

In der Hochsommerhitze hat keiner Lust auf schweißtreibende Arbeit. Etwas Pflege sollten Sie den Pflanzen dennoch angedeihen lassen – gut geeignet als ausgleichende körperliche Feierabendbeschäftigung für Büromenschen.

Nutzgarten

✿ Tragen die Obstbäume schwer an ihrer Last, dann stützen Sie die Äste, damit sie nicht brechen.

NACHWUCHS

Kopfstecklinge sind Triebspitzen ohne Blüten, mit zwei bis drei Blattpaaren.

Stammstecklinge sind Teilstücke des Triebes (also ohne Spitze) und sollten mindestens ein Blattauge aufweisen.

Man schneidet Stecklinge am besten am Morgen eines Wurzeltages. Die Schnittflächen sollten leicht antrocknen, dann werden sie eingepflanzt. Kopfstecklinge steckt man senkrecht in Anzuchterde, manche Kopfstecklinge bewurzeln sogar in einem Glas Wasser.

Stammstecklinge werden fast waagerecht in die Erde gelegt, das Blattauge muss jedoch aus der Erde herausragen.

Sträucher und mehrjährige Kletterpflanzen lassen sich gut durch Absenker vermehren. Dazu biegt man einen Trieb zur Erde hinunter und schneidet ihn an der Stelle, an der er auf der Erde aufliegt, mit einem scharfen Messer schräg ein. Diese verletzte Stelle wird nun mit etwas Erde bedeckt und mit einem Stein beschwert. Bis sich am Schnitt Wurzeln gebildet haben, wird der Trieb noch von der Mutterpflanze versorgt. Diese Technik eignet sich gut für Stachel- und Johannisbeeren, aber auch für Clematis (siehe Foto oben) und Geißblatt. Nehmen Sie diese Arbeit an einem Erdtag, bei abnehmendem Mond vor.

✲ Überzählige Früchte werden jetzt abgeworfen. Sammeln Sie sie regelmäßig auf. In den Früchten leben Ungezieferlarven, die in den Boden kriechen, dort überwintern und im kommenden Jahr die Bäume befallen.

✲ Letzter Termin zur Aussaat von Eissalat, Kohlrabi, Buschbohnen und Radieschen – bei zunehmendem Mond an einem zum Pflanzentyp (Wurzel, Blatt, Blüte, Frucht) passenden Tag.

✲ Wer Pflanzen im Gewächshaus zieht, muss regelmäßig lüften, um sowohl Hitzestau, Kondenswasserbildung als auch Pilzbefall zu vermeiden.

✲ Kräuter für den Vorrat ernten Sie am besten an einem Skorpion-Tag. Viele Kräuter kann man vitaminschonend einfrieren. Zum Trocknen hängt man sie an einen schattigen, luftigen Platz.

✲ Obstbäume, die schon abgeerntet sind, können ausgelichtet werden. Eine alte Bauernregel besagt: „Man schneidet heraus, was sich kreuzt, was sich aneinander reibt und was nach innen wächst." Damit liegen Sie unabhängig von der Sorte gewiss nicht falsch. Schneidemaßnahmen sollte man grundsätzlich bei Neumond vornehmen.

Ziergarten

Der Rasen muss regelmäßig gemäht werden, aber nicht zu kurz, sonst verbrennt das Gras. Mähen Sie möglichst bei zunehmendem Mond, dann wächst das Gras schneller und dichter nach.

✲ Blütenstände für Potpourris jetzt schneiden und trocknen.

✲ Hohe Stauden brauchen eine Stütze, sonst fallen sie bei einem heftigen Sommergewitter auseinander.

✲ Ziersträucher, Rosen und Stauden im Kunststoff-Container können noch gepflanzt werden. Erledigen Sie die Arbeit in den frühen Morgenstunden oder am Abend, wenn die Sonne nicht so brennt. Wer im Juli pflanzt, muss nun reichlich gießen. Gepflanzt wird im zunehmenden Mond – Blütensträucher an Lufttagen, Blattgewächse an Wassertagen.

Solch ein Prachtexemplar von einem Kohlrabi können auch Sie ernten. Im Juli haben Sie die letzte Gelegenheit zur Aussaat.

TEICHREINIGUNG

Alle drei bis vier Jahre sollte man einen Gartenteich gründlich reinigen und dabei auch auf Schäden kontrollieren. Am besten nimmt man diese Arbeit an einem bedeckten Wassertag in Angriff. Das sollten Sie dabei beachten:

Stellen Sie reichlich große, leere Gefäße bereit. Im Teichwasser leben zahllose Mikroorganismen, die nicht alle verloren gehen sollten. Das Wasser langsam abpumpen (am besten mit einer Tauchpumpe) und so viel wie möglich davon auffangen.

Ehe Sie große Unruhe im Wasser verursachen, sollten Sie die Fische fangen und in ein Gefäß mit Teichwasser setzen. Das Gefäß unbedingt abdecken, denn verschreckte Fische können erstaunlich hoch und weit springen.

Wenn der Wasserstand fällt, können die Uferpflanzen geteilt oder in größere Pflanzkörbe gesetzt werden.

Unterwasserpflanzen, die sich stark vermehrt haben, werden ebenfalls geteilt. Stecklinge unbedingt im aufgefangenen Wasser aufbewahren, die zarten Blättchen trocknen nämlich schnell aus.

Ist der Teich fast leer, können die Körbe mit Seerosen und anderen Tiefwasserpflanzen herausgenommen werden. Vorsicht: Die nasse Erde ist sehr schwer. Seerosen bilden meist kriechende Rhizome. Schneiden Sie alte Rhizomstücke ab, und setzen Sie junge Stücke so in Körbe mit frischem Teichpflanzensubstrat, dass die Wachstumsknospe knapp herausschaut. Die Erde mit Kieseln abdecken, damit sie beim Absenken in den Teich nicht herausgespült wird.

Ist das Wasser abgepumpt, muss die Schlammschicht vom Teichgrund mit einem Eimer abgeschöpft werden. Der Schlamm ist sehr nährstoffreich und kann beispielsweise unter einer Hecke verteilt werden.

Dann den Teich mit einem Schlauch gründlich sauber spritzen, anschließend auf Schäden oder Schwachstellen kontrollieren und gegebenenfalls reparieren.

Jetzt die Pflanzen wieder an ihre Plätze stellen und behutsam Wasser einlaufen lassen. Wenn Sie eine Tauchpumpe verwenden, legen Sie eine Dachpfanne oder einen alten Teller unter den Schlauchausgang, um einen breiten, flachen Wasserstrahl zu erhalten. Dadurch wird die frische Erde in den Pflanzkörben weniger aufgewirbelt.

Das Gefäß mit den Fischen so in den Teich legen, dass sie entweichen können.

Wenn der Wasserstand zu niedrig ist, füllen Sie möglichst Regenwasser nach. Leitungswasser enthält viele Mineralien, die das Algenwachstum fördern.

Himbeeren sind jetzt reif, und die duftenden, prallen Früchte verlocken uns, alle gleich an Ort und Stelle zu vernaschen.

Balkon und Zimmer

Sonnenbrand-Gefahr bei den Zimmerpflanzen auf Fensterbänken! Vor allem in der Mittagshitze sollten sie beschattet werden. Stellen Sie große Bögen Zeichenkarton zwischen Pflanzen und Fensterscheibe, wenn Sie keine Jalousien oder Gardinen haben.

❁ Sollten einige Ihrer Balkonblumen in der Hitze schlappmachen, kaufen Sie lieber für wenig Geld Ersatz. Meist wurden diese Pflanzen mit Hilfe von Düngemitteln schnell getrieben, und Versuche, sie wieder aufzupäppeln, bringen in der Regel kaum Erfolg.

❁ Amaryllis, Calla und viele Orchideen haben im Sommer ihre Ruhezeit. Machen Sie sich keine Sorgen, wenn die Pflanzen jetzt kaum wachsen. Vernachlässigen Sie aber trotzdem die Pflege

nicht: Regelmäßig an Blatttagen sparsam gießen, besprühen und lüften.

❁ Balkon- und Terrassenpflanzen müssen an sehr heißen Tagen morgens *und* abends gegossen werden. Vermeiden Sie, abends das Laub zu benetzen (Pilzgefahr), und berücksichtigen Sie den erhöhten Düngerbedarf. Gedüngt wird idealerweise bei Vollmond.

Sonstiges

Unkräuter und Schädlinge müssen regelmäßig bekämpft werden, sonst gewinnen sie die Oberhand. Der günstigste Termin zum Jäten sind die Steinbock-Tage, Schädlinge bekämpft man bei abnehmendem Mond.

❁ Wer noch Mulchmaterial zur Verfügung hat, sollte es an einem Erdtag auflegen. Es reduziert die Verdunstung von Wasser aus dem Boden. Für die Urlaubszeit eignet sich sogar angetrockneter Rasenschnitt. Weil er jedoch zur Fäulnis neigt, sollte er nach der Rückkehr unbedingt entfernt werden.

❁ Letzter Termin fürs Großreinemachen im Teich! *(siehe Seite 73)*

August

Im August läuft die Ernte auf Hochtouren. Aber wer sagt, dass die Vorbereitungen zum Einkochen und Einfrieren unbedingt in der Küche geschehen müssen? Vieles lässt sich auch ganz entspannt an einem lauen Abend am Gartentisch erledigen – und „schmeckt" dann gar nicht mehr so sehr nach Arbeit.

Nutzgarten

Geerntet werden jetzt die ersten Äpfel und Birnen, außerdem Bohnen, Zucchini, Gurken, Kartoffeln, Kirschen, Aprikosen, Pfirsiche und viele andere Früchte und Gemüse. Was gelagert oder konserviert werden soll, ernten Sie bei abnehmendem Mond.

Dahlien gibt es in unzähligen Farbvarianten. Da ist für jeden Geschmack etwas dabei.

✲ Bei Himbeeren und Brombeeren sollten Sie an Neumondtagen alle abgeernteten Ruten entfernen, denn Früchte werden nur an den neuen Trieben des jeweiligen Jahres gebildet.

✲ Spätes Gemüse wie Weißkohl, Wintersalate, Kohlrabi, Blumenkohl und Chinakohl kann bei zunehmendem Mond entweder im Gewächshaus oder Frühbeet ausgesät werden.

✲ Kontrollieren Sie regelmäßig die Kohlköpfe im Beet: Die Raupen von Kohlweißling und Kohleule greifen an und müssen abgesammelt werden.

✲ Tomatenpflanzen sollten entspitzt werden, damit sie sich nicht durch Krautwachstum verausgaben. Die Früchte reifen dann schneller heran.

✲ Abgeerntete Gemüsebeete werden an einem Erdtag aufgelockert. Danach können bei zunehmendem Mond Gründüngerpflanzen gesät werden.

Ziergarten

✲ Haben Sie zweijährige Blumen herangezogen? Dann sollten Sie sie jetzt an einem Erdtag bei abnehmendem Mond an den Standort pflanzen, wo sie im nächsten Jahr blühen werden.

✲ Abgeblühte Stauden werden zurückgeschnitten. Lassen Sie einige Früchte für die Vögel stehen.

✲ In feuchten Perioden wächst der Rasen kräftig. Wenn möglich, sollten Sie bei abnehmendem Mond mähen.

✲ Herbstzeitlosen müssen bei zunehmendem Mond gepflanzt werden, wenn sie noch im selben Jahr blühen sollen.

✲ Schneiden Sie an einem Lufttag die mittleren Blüten aus den Dahlien heraus, das fördert die Verzweigung.

✲ Immergrüne Hecken werden bei Neumond geschnitten. Schneiden Sie nur

VORSICHT, GIFTIG!

Viele Wildpflanzen und Ziergehölze tragen jetzt Früchte und Samen in leuchtenden Farben. Die Vögel machen sich mit Begeisterung über die Pflanzen her, doch für uns Menschen sind viele von ihnen giftig oder zumindest unbekömmlich. Gärtner müssen dafür Sorge tragen, dass durch ihren Garten niemand gefährdet wird, vor allem keine Kinder.

Wer beispielsweise an einem Schulweg oder in Spielplatznähe wohnt, sollte im Vorgarten unbedingt auf solche giftigen Pflanzen verzichten.

vorsichtig ins alte Holz, weil manche Pflanzen aus verholzten Teilen eventuell nicht mehr austreiben.

Balkon und Zimmer

Bei zunehmendem Mond können Stiefmütterchen ausgesät werden.

✲ Balkonblumen wie Pelargonien und Fuchsien werden bei zunehmendem Mond durch Kopfstecklinge vermehrt. Auch von Hibiskus, Schönmalve, Zimmerlinde und anderen Zimmerpflanzen

Pflanze	giftige Teile	Vergiftungserscheinungen
Goldregen *(Laburnum anagyroides)*	alle Teile, vor allem die Samen	Erbrechen, Übelkeit, Bauchschmerzen, Schweißausbrüche, in schweren Fällen auch Krampfanfälle, Bewusstlosigkeit, Kreislaufversagen
Eibe *(Taxus baccata)*	Nadeln, zerbissene Samen. Der fleischige, rote Samenmantel ist ungiftig.	Übelkeit, Erbrechen, Bauchschmerzen und Durchfall, auch Pupillenweitung, in schweren Fällen Bewusstlosigkeit und Herzversagen
Seidelbast *(Daphne mezereum)*	alle Teile, besonders zerbissene Samen	Berührung der Pflanze kann Hautreizungen verursachen. Bei Verzehr Kratzen und Brennen im Mund, Schluckbeschwerden, Kopf- und Bauchschmerzen, blutiger Durchfall
Kirschlorbeer *(Prunus laurocerasus)*	alle Teile, besonders die Samen	Erbrechen, Bauchschmerzen, Kratzen im Hals, verstärkte Atmung, Erregung
Pfaffenhütchen *(Euonymus europaeus)*	alle Teile, vor allem die Früchte	Erbrechen, Durchfall, Bauchschmerzen, Kreislaufstörungen
Lebensbaum *(Thuja occidentalis, T. orientalis)*	alle Teile besonders Zapfen und Zweigspitzen	Erbrechen, Durchfall, Bauchschmerzen, Krampfanfälle, Nierenschäden
Wunderbaum *(Ricinus communis)*	Samen	Erbrechen, Durchfall, Bauchschmerzen, Nierenentzündung, Nierenversagen, Kreislaufstörungen. Todesfolge möglich
Oleander *(Nerium oleander)*	alle Teile	Erbrechen, Koliken, Herzrhythmusstörungen
Ginster *(Cytisus scoparius)*	Blätter und Samen	Erbrechen, Bauchschmerzen, Kreislaufstörungen.
Robinie *(Robinia pseudoacacia)*	Samen	Erbrechen, Durchfall, Bauchschmerzen
Tollkirsche *(Atropa belladonna)*	alle Teile, besonders Wurzeln und Samen	Trockenheit der Schleimhäute, schneller Puls, Durst, Pupillenweitung, Gleichgewichtsstörungen, Todesfolge möglich
Bittersüßer Nachtschatten *(Solanum nigrum)*	alle Teile, besonders die unreifen Beeren	wie Tollkirsche
Efeu *(Hedera helix)*	schwarze Beeren	Brennen im Rachen, Erbrechen, Bauchschmerzen

NICHTS ALS ROSEN

Über Rosen sind viele Bücher geschrieben worden, darum hier nur einige Tipps:

Es gibt einige einmal blühende Rosen, die meisten Gartenrosen blühen jedoch mehrmals. Wenn man Verblühtes regelmäßig abschneidet, verhindert man die Samenbildung und die Pflanze treibt immer wieder neue Blüten. Auf diese Weise lässt sich bei manchen Rosen die Blüte bis zum ersten Frost verlängern. Schneiden Sie die ersten beiden Blätter mit ab, weil sich meist aus dem dritten Auge unterhalb der Blüte die neuen Triebe bilden.

Kletterrosen müssen regelmäßig an ihrem Spalier angebunden werden, damit die weichen Triebe nicht unter dem Gewicht der Blüten abknicken. Außerdem sollten Sie Kletterrosen regelmäßig an Blatttagen gießen, denn durch ihre Pflanzung an Hausmauern und Zäunen bekommen sie normalerweise recht wenig oder gar keinen Regen ab.

Rosen in Containern kann man fast ganzjährig in den Garten pflanzen. Ende August kommen die ersten wurzelnackten Rosen auf den Markt. Warten Sie mit Kauf und Pflanzung nicht zu lange, damit die Pflanzen vor dem Winter noch Zeit haben, sich gut im Boden zu etablieren.

Düngen Sie Rosen ab August nicht mehr. Sonst besteht die Gefahr, dass sie lange, wässrige Triebe bilden, die durch den Winterfrost geschädigt werden können.

werden jetzt Stecklinge geschnitten. Schneiden Sie 8–10 cm lange Triebspitzen unter einem Blattpaar ab, und entfernen Sie die untersten Blätter. In feuchtes Anzuchtsubstrat stecken.

✤ Knipsen Sie bei Sommerblumen in Töpfen, Kübeln und Kästen alle verwelkten Blüten regelmäßig ab. Auch Samenstände werden entfernt, sonst verwendet die Pflanze die Kraft zur Samenbildung, statt neue Blüten zu treiben.

Sonstiges

✤ An einem (Steinbock-)Tag mit bedecktem Himmel kann der Kompost umgesetzt werden.

✤ Alle freien Beetflächen sollten bei abnehmendem Mond und/oder an Erd-

Tomaten reifen schneller, wenn Sie eine transparente Folie über die Pflanze ziehen.

tagen regelmäßig aufgelockert und großzügig gemulcht werden.

✤ Kontrollieren Sie regelmäßig Zier- und Nutzpflanzen auf Befall mit Käfern und Raupen.

September

Viele Wildgehölze in der Natur tragen jetzt Früchte. Sammeln Sie doch auf Spaziergängen einmal vitaminreiche Holunderbeeren oder aromatische Brombeeren. Im Garten wird weiter geerntet, und die ersten Herbstvorbereitungen können beginnen.

Nutzgarten

✤ Auf abgeerntete Beete wird jetzt bei zunehmendem Mond Gründünger gesät, damit die Flächen für die nächste Saison gestärkt sind.

✤ Haben Sie Rosenkohl angebaut? Dann sollten Sie ihn jetzt entspitzen, um die Röschenbildung zu fördern.

✤ Äpfel und Birnen zum Einlagern müssen ganz behutsam geerntet werden. Früchte mit Druckstellen faulen leicht und können auch ihre Nachbarn in den Lagerkisten „anstecken". Bei abnehmendem Mond ernten.

✤ Frostempfindliche Kräuter sollten Sie jetzt ausgraben und in Töpfe pflanzen. Bei abnehmendem Mond fasst die Pflanze schneller wieder Fuß.

✤ Um im nächsten Frühling Zwiebeln, Wintererbsen und Mangold ernten zu

Mangold kann jetzt ausgesät werden.

chern und Hecken. Thuja- und Fichtenhecken können bei Neumond noch geschnitten werden.

✻ Wer eine Blumenwiese hat, sollte jetzt zum zweitem Mal die Sense hervorholen. Günstig ist ein Blütentag. Bequemer, aber weniger schonend geht die Arbeit mit einer Motorsense voran. Ist die Fläche sehr groß, lohnt es sich eventuell, einen Balkenmäher auszuleihen.

✻ Alle Stauden, die bereits ausgeblüht sind, können jetzt umgepflanzt oder geteilt werden. Der beste Termin dafür ist ein Jungfrau-Tag.

können, müssen Sie jetzt säen. Dies sind Arbeiten für den zunehmenden Mond. Berücksichtigen Sie auch den Pflanzentyp (Blüte, Frucht, Wurzel, Blatt).

✻ Tomaten reifen schneller, wenn Sie jetzt Folie darüber ziehen.

Ziergarten

Es drohen die ersten Nachtfröste. Gladiolen, Dahlien und andere empfindliche Knollen- und Zwiebelgewächse werden bei abnehmendem Mond an einem Lufttag ausgegraben und eingelagert.

✻ Zwiebeln für die Frühlingsblüte sind jetzt überall zu kaufen. Warten Sie mit der Pflanzung (bei abnehmendem Mond) von Schneeglöckchen, Krokussen & Co. nicht zu lange, damit die Zwiebeln noch Zeit haben, Wurzeln auszubilden.

✻ Jetzt ist die beste Zeit zur Pflanzung von Nadelbäumen, immergrünen Sträu-

Balkon und Zimmer

✻ Zimmerpflanzen, die den Sommer im Freien verbringen durften, werden jetzt wieder ins Haus geholt.

✻ Kübelpflanzen sollten Sie nah an die Hauswand rücken. Halten Sie auch Luftblasenfolie bereit, um empfindliche Gewächse und Pflanzen in Blumenkästen schnell schützen zu können, wenn der Wetterbericht schon einmal Nachtfrost ankündigt.

✻ Ende September müssen die meisten Kübelpflanzen ins Winterquartier umziehen. Nur wenige Arten vertragen auch einige Grade Frost.

✻ Amaryllis, Calla und Orchideen beenden jetzt ihre Ruhezeit. Sie können bei abnehmendem Mond umgetopft werden und vertragen auch etwas Dünger.

✻ Denken Sie daran, dass Schneeglöckchen, Krokusse, Narzissen und andere

79

Frühlingsblüher auch in Töpfen und Kästen hübsch aussehen, und kaufen Sie gleich ein paar Tüten Samen mehr ein. Sie können bis November bei abnehmendem Mond gesteckt werden.

Sonstiges

Stellen Sie jetzt langsam das Gießen ein. Wässern Sie nur noch in längeren Trockenperioden an Blatttagen.

❈ Letzter Termin für die Rasen-Neuanlage. Gesät wird möglichst bei zunehmendem Mond in einem Wasserzeichen.

❈ Wer Kisten, Kästen und Regale zum Einlagern von Obst und Gemüse noch nicht gereinigt hat, sollte sich diese Arbeit für einen Lufttag im zunehmenden Mond vormerken.

Oktober

Die Blätter färben sich und fallen ab, die Staudenbeete sind weitgehend abgeräumt. Nur im Gemüsegarten gibt es noch immer viel zu tun.

Nutzgarten

❈ Feldsalat und Spinat können bei zunehmendem Mond ins Freiland gesät werden. Im Gewächshaus werden jetzt Schnittsalat, Winterkopfsalat, Endivien (an einem Blatttag), Radieschen und Möhren (an einem Wurzeltag) ausgesät.

❈ Herbstgemüse wird geerntet (Kohl, Sellerie, Fenchel, Porree, Möhren, Radicchio). Noch nicht geerntetes Gemüse

Jetzt können Sie die Herbsternte „einfahren".

sollten Sie mit Folie abdecken. Alles, was gelagert oder eingemacht werden soll, ernten Sie bei abnehmendem Mond, dies erhöht die Haltbarkeit.

❈ Späte Zwetschgen, Äpfel, Birnen, Trauben, Quitten und Preiselbeeren sollten ebenfalls bei abnehmendem Mond geerntet und verwertet werden.

❈ Nüsse werden nicht gepflückt, sondern man wartet, bis sie vom Baum fallen. Von Walnüssen entfernt man die fleischige Hülle (Handschuhe tragen!), dann müssen sie an der Luft getrocknet werden.

❈ Obstbäume oder -sträucher sollten jetzt gepflanzt werden: Kernobst bei Neumond, Steinobst bei zunehmendem Mond. Für den Auslichtungsschnitt ist der Oktober-Neumond ideal.

❈ Porree, Rosenkohl, Grünkohl, Feldsalat und Schwarzwurzeln vertragen problemlos Frost bis –10 °C. Wenn es kälter wird, mit Folie abdecken.

✣ Um die Temperatur im Garten zu messen, gibt es elektronische Thermometer mit Außenfühler, die den höchsten und den niedrigsten Wert der letzten 24 Stunden speichern.

Ziergarten

Spannen Sie ein Netz über den Gartenteich, damit kein Herbstlaub auf den Grund sinken kann. Es fördert leider die Verschlammung des Teichs und begünstigt das Algenwachstum unnötig.

✣ Die Staudenbeete werden winterfest gemacht. Jäten Sie noch einmal Unkraut, stechen Sie zu groß gewordene Bodendecker und Beetrand-Pflanzen ab. Verblühte Zierstauden werden bis auf den Boden zurückgeschnitten. Einige Fruchtstände und Samenkapseln sollten Sie für die Vögel als Winterfutter stehen lassen. An einem Erdtag werden die freien Flächen gemulcht.

✣ Noch können Sie bei abnehmendem Mond Frühlingszwiebeln stecken.

Reichlich Nahrung gibt es nun – auch für Grünfinken.

Japanischer Ahorn ist mit seiner Herbstfärbung im goldenen Oktober eine wahre Augenweide.

Balkon und Zimmer

❊ Alle Balkon-Kübelpflanzen müssen nun in einen frostfreien, aber kühlen Raum gestellt werden.

❊ Die frostempfindlichen Kräuter in Töpfen ziehen jetzt um ins Haus. Geben Sie ihnen einen Platz auf der Küchenfensterbank, dann haben Sie sie beim Kochen immer zur Hand.

❊ Die Saison der bunten Balkonpflanzen ist vorbei. Leeren und säubern Sie die Kästen, damit keine Keime in den Erdresten überwintern. Wer mag, kann die Kästen jetzt auch mit zwergwüchsigen Immergrünen bepflanzen.

Sonstiges

Harken Sie das Herbstlaub zusammen, sonst bildet es schnell eine matschige Schicht, in der sich Pilze ansiedeln.

❊ Freie Beete mit schwerem Boden sollten Sie jetzt an einem Erdtag tiefgründig auflockern. Es dürfen ruhig grobe Erdbrocken liegen bleiben; der Frost bricht sie später auf.

❊ Alle Gartengeräte gründlich reinigen und fetten. Müssen die Messer des Rasenmähers geschärft werden? Dann bringen Sie sie jetzt noch zum Schleifen, denn im Frühling müssen Sie Wartezeiten in Kauf nehmen.

❊ Legen Sie in ruhigen Gartenecken Reisighaufen als Unterschlupf für Igel und andere Gartengäste an. Nistkästen reinigen und aufhängen.

November

Im Garten wird es stiller. Die meisten Pflanzen haben sich zur Winterruhe begeben, und auch zu ernten gibt es nicht mehr viel. Jetzt ist die Zeit, sich an der reichen Ernte und den gesunden Wintervorräten zu erfreuen, süße Apfelkuchen zu backen und am 1. Advent mit Freunden den Rumtopf zu versuchen.

Halten Sie den Rasen im Herbst frei von Laub.

Nutzgarten

Grünkohl und Rosenkohl stehen noch auf den Beeten. Widerstehen Sie der Versuchung, und ernten Sie nicht vor dem ersten Frost – beide sind danach viel aromatischer. Wenn Sie Gemüse einfrieren möchten, ernten Sie bei abnehmendem Mond.

✽ Noch vorhandene Petersilie decken Sie mit Folie ab, dann hält sie noch.

✽ Rings um die Beerensträucher und Obstbäume ist der Boden vom Ernten festgetreten. Lockern Sie ihn an einem milden Erdtag auf, aber nur so tief, dass Sie die Wurzeln nicht verletzen. Unter Obstbäumen, die auf einer Rasenfläche stehen, könnten Sie zum Belüften einige Runden mit Nagelschuhen gehen.

✽ Wer Leimringe um die Obstbäume legen will, sollte das an einem Blatttag tun. Sie verhindern, dass die weiblichen Frostspanner in die Bäume kriechen und dort ihre Eier ablegen.

Ziergarten

✽ Rosen können an einem Erdtag mit Stroh abgedeckt werden. Mit dem Rückschnitt sollten Sie noch bis zum Frühling warten, weil die Triebe manchmal zurückfrieren können.

✽ Letzter Termin zum Stecken von Frühlingsblumenzwiebeln: bei abnehmendem Mond und solange der Boden noch nicht gefroren ist.

✽ Noch können Gehölze und Rosen gepflanzt werden. Nach der Pflanzung

Wenn die Stauden weitgehend eingezogen sind, werden Pflanzschalen zum Blickfang.

auf keinen Fall beschneiden, sonst erhöht sich das Risiko von Frostschäden. Im Spätherbst sollte man ausnahmsweise einen Wurzeltag wählen, weil die Pflanzen sich schnell im Boden verankern sollen.

✽ Kaltkeimer wie Eisenhut, Veilchen, Christrosen und Scheinmohn können an einem Lufttag in Schalen gesät und ins Freie gestellt werden. Wenn es ganz eisig wird, stellen Sie die Schalen einfach in ein Frühbeet, dessen Glasscheibe mit Luftblasenfolie geschützt wird, Seien Sie nicht enttäuscht, wenn im Frühling nicht alle Samen gekeimt haben. Vor allem die Schale mit Christrosensamen sollten Sie in einer schattigen Gartenecke stehen lassen – manchmal keimen die Samen erst nach dem zweiten Winter.

83

✤ Sieht Ihr Garten im Winter sehr kahl aus? Dann überlegen Sie jetzt, wohin Sie im nächsten Jahr Immergrüne oder attraktive Gräser pflanzen könnten. Notieren Sie sich Ihre Ideen!

✤ Haben Sie exotische Seerosen oder Lotus im Gartenteich? Schnellstens herausnehmen, die Blätter abschneiden und frostfrei einlagern (an einem Wassertag). Echte Calla überlebt den Winter meist, wenn man sie in mindestens 30 cm tiefes Wasser absenkt.

✤ Wenn die Fische im Gartenteich an sonnigen Tagen noch einmal aktiv werden sollten, dürfen Sie auf keinen Fall füttern! Wenn es kälter wird, verlangsamt sich ihr Stoffwechsel, und sie können die Nahrung nicht mehr verdauen.

✤ Denken Sie daran, spätestens jetzt Strohbündel oder einen Eisfreihalter in den Teich zu geben, damit ein Gasaustausch ohne weiteres stattfinden kann.

Balkon und Zimmer

✤ Viele Zimmerpflanzen folgen dem natürlichen Jahreszeitenrhythmus und legen jetzt eine Winterruhe ein. Sie brauchen dann einen Standort mit etwa 15 °C.

✤ Achten Sie während der Heizperiode besonders auf Ihre Zimmerpflanzen. Die trockene Heizungsluft be-

günstigt die Ausbreitung von Spinnmilben und anderen Schädlingen. Vorbeugend sollten Sie die Blätter regelmäßig mit abgestandenem Wasser übersprühen. Wenn die Schädlinge schon da sind, stellen Sie die Pflanzen in die Badewanne, und besprühen Sie die Blätter mit einer lauwarmen Schmierseifen-Lösung; die Wurzeln dabei abdecken. Die Schädlingsbekämpfung ist bei abnehmendem Mond besonders wirksam.

✤ Wenn Sie Weihnachtsnarzissen vorziehen möchten, müssen Sie sie jetzt bei zunehmendem Mond in Schalen setzen. Nach etwa sechs Wochen zeigen sich die duftenden weißen Blüten.

Nur Zimmerpflanzen entzücken im Winter mit Blüten. Im Garten ruht die Natur.

Kohlmeisen sind im Winter dankbar für etwas Extra-
futter, vor allem wenn der Boden hart gefroren ist.

Sonstiges

Kontrollieren Sie regelmäßig das einge-
lagerte Obst und Gemüse. Alles, was
fault, muss sofort aussortiert werden,
damit sich die Fäulnis nicht ausbreitet.

✿ Noch einmal Herbstlaub zusammen-
harken und als Mulch oder Winterschutz verwenden.

✿ Der Außenwasserhahn muss jetzt ab-
gestellt werden. Entleeren Sie alle Lei-
tungen, Schläuche und auch die Regen-
tonnen zum Schutz vor Frostschäden.

✿ Haben Sie während der Sommermo-
nate beim Graben und Jäten Steine zu
Tage gefördert? Legen Sie in einer sonnigen Ecke einen Steinhaufen an:
Eidechsen freuen sich über einen solchen Unterschlupf.

✿ Wer eine Bodenuntersuchung vornehmen lassen möchte, sollte das jetzt

tun. Die meisten Beete werden nicht
bearbeitet, und im nächsten Frühling
kann man die Ergebnisse der Untersu-
chung gleich berücksichtigen. Wenn bei
akutem Nährstoffmangel Produkte zur
Bodenverbesserung verwendet werden
müssen, kann das schon vor Beginn der
nächsten Vegetationsperiode geschehen. Bei abnehmendem Mond und an
Erdtagen schlägt Bodenpflege gut an.

Dezember

Im Garten gibt es jetzt fast nichts mehr
zu tun. Doch glücklicherweise ist man
in der Vorweihnachtszeit so betriebsam,
dass es selbst eingefleischten Gärtnern
genügt, nur ab und zu einen Kontroll-
gang zu machen und Werkzeuge, Klet-
terhilfen und Spaliere zu überprüfen.
Natürlich müssen auch Tannenzweige
für die stimmungsvolle Zimmerdekora-
tion geschnitten werden.

Nutzgarten

✿ Neu gepflanzte Obstbäume sollten
mit Säcken oder Reisig umwickelt und
so vor Frost geschützt werden.

✿ Noch kann man ernten: Spinat, Feldsalat, Pastinaken, Meerrettich. Vielleicht ist auch noch Grün- oder Rosenkohl übrig?

✿ Zum letzten Mal in diesem Jahr werden an einem Erdtag freie Beete aufgelockert. Danach die Gartengeräte reinigen, einfetten und einräumen.

❊ Wenn am Neumondtag mildes Wetter herrscht, können die Obstgehölze geschnitten werden.

❊ Auf dem Land ärgert man sich gelegentlich über Wildverbiss an den Stämmen von Obstbäumen. Wickeln Sie vorsorglich Kükendraht um die Bäume.

Ziergarten

❊ Halten Sie im Gartenteich immer eine Stelle eisfrei. Wenn er doch einmal komplett zufriert und Fische darin leben, hacken Sie kein Loch in das Eis. Dadurch würden die Fische in ihrer Winterruhe gestört. Besser ist es, in einem alten Topf Wasser aufzukochen und diesen auf das Eis zu stellen, bis es geschmolzen ist. Dann gleich Stroh oder einen Eisfreihalter in das Loch schieben. Für Arbeiten am Teich sollte man einen Wassertag wählen.

❊ Der Rasen muss regelmäßig vom Laub befreit werden, sonst drohen Pilzkrankheiten sich auszubreiten.

❊ An milden Tagen können Gehölze ausgelichtet werden. Bei Frost unter –5 °C nicht schneiden, weil das Holz dann sehr spröde ist und die Gefahr unkontrollierter Brüche zunimmt. Ideal sind Neumond und die ersten Tage des zunehmenden Mondes.

Balkon und Zimmer

❊ Tannenzweige für die Adventszeit schneidet man drei Tage vor dem elften Neumond. Dann nadeln sie weniger.

❊ Kennen Sie Barbarazweige? Schneiden Sie um den Barbaratag (4. Dezember) Zweige von Kirschbäumen oder Forsythien, und stellen Sie sie im warmen Zimmer in eine Vase mit Wasser. Zu Weihnachten blühen die Zweige auf. Verlegen Sie den Schnitt der Barbarazweige möglichst in die Zeit des aufsteigenden Mondes, dann fällt die Blütenpracht reicher aus.

❊ Kontrollieren Sie Ihre Kübelpflanzen im Winterquartier. Gelbe Blätter müssen abgezupft werden, ab und zu brauchen sie an Blatttagen etwas Wasser. Achten Sie auch auf Schädlinge.

❊ Hat der Schnittlauch im Blumenkasten Frost bekommen? Setzen Sie ihn bei zunehmendem Mond in einen Zimmer-Blumentopf auf die Fensterbank, dann treibt er bald wieder aus.

Sonstiges

❊ Sammeln Sie auf einem Gartenspaziergang alle Bohnenstangen, Tomatenspiralen und Anbindestäbe ein. Sie müssen gründlich gereinigt werden, damit keine Krankheitserreger darauf überwintern können. Anschließend frostfrei und trocken verstauen.

❊ Wenn die meisten Pflanzen kahl sind, kann man auch Spaliere, Pergolen und andere Rankhilfen gut inspizieren. Reparieren Sie sie gleich, oder notieren Sie sich die Schäden, um sie an einem freundlichen Tag zu beheben. Für Reparaturarbeiten empfehlen sich Jungfrau-Tage, weil dann z. B. genagelte Verbindungen besonders gut halten.

❊ Kontrollieren Sie regelmäßig das Obstlager, und sortieren Sie faule Früchte aus (die können auf den Kompost). Auch das Lüften nicht vergessen!

❊ Ziehen Sie Bilanz! Aus welchen Fehlern des vergangenen Gartenjahres können Sie lernen? Es lohnt sich, dazu ein paar Notizen und Ideen zu Papier zu bringen, sonst ist vieles bis zum Frühjahr wieder vergessen.

❊ Jetzt ist Wunschzettelzeit. Fehlt Ihnen noch ein Werkzeug, ein großer Kübel, eine besondere Pflanze, eine Skulptur, ein Buch über Hosta oder Alte Rosen?

❊ Haben Sie besondere Pläne für das kommende Jahr? Versorgen Sie sich jetzt mit Katalogen von Spezialanbietern, dann haben Sie reichlich Zeit zum Blättern und Auswählen.

Mischkulturen-Tabelle

	Bohnenkraut	Buschbohnen	Endivien	Erbsen	Erdbeeren	Feldsalat	Fenchel	Gurken	Kartoffeln	Knoblauch	Kohl	Kohlrabi	Kopfsalat	Lauch	Mais	Mangold	Meerrettich
Buschbohnen				−	+		−	+	+	−	+	+	+	−		+	+
Endivien		+					+				+			+			
Erbsen		−					+	+	−	−	+	+	+	−	+		
Erdbeeren		+				+				+	+/−		+	+			
Fenchel		−	+	+		+		+					+				
Gurken		−		+			+				+	+	+	+	+		
Kartoffeln		+		−							+	+				+	+
Knoblauch				−	+		+				−						
Kohl		+	+	+	−	+	+	+	+	+/−			+	+		+	
Kohlrabi		+		+					+				+	+			
Kopfsalat		+		+	+		+	+			+	+		+	+		
Lauch		−	+	−	+						+	+	+				
Mais		+						+	+				+				
Mangold		+									+						
Meerrettich									+								
Möhren				+						+				+		+	
Pflücksalat							+				+						
Radieschen		+		+	+		−				+	+	+			+	
Rhabarber											+		+				
Rote Bete		+					+	−	+		+	+		−	−		
Schwarzwurzeln											+	+	+				
Sellerie		+					+	−			+	+	−	+	−		
Sonnenblumen							+	−									
Spargel							+		−					+			
Spinat					+				+		+	+	+				
Tomaten		+		−			−	−	−	+	+	+	+	+	+		
Zichoriensalate							+						+				
Zucchini																+	
Zwiebeln	+	−		−	+	+	+				−		+				

	Möhren	Paprika	Pflücksalat	Radieschen	Rettich	Rhabarber	Rote Bete	Schwarzwurzeln	Sellerie	Sonnenblumen	Spargel	Spinat	Stangenbohnen	Tomaten	Zichoriensalate	Zucchini	Zwiebeln
Buschbohnen	+		+	+	+	+	+		+					+			−
Endivien													+				
Erbsen	+			+	+		+						−	−		+	−
Erdbeeren				+	+		+					+					+
Fenchel			+										−	−	+		
Gurken				−	−		+		+				+/−	−			+
Kartoffeln				−			−		−			+		−			
Knoblauch	+						+						−	+			
Kohl			+	+	+		+		+			+	+	+	+		+/−
Kohlrabi				+	+		+	+	+		+	+	+	+			
Kopfsalat	+		+	+	+		+	+	−			+	+	+	+		+
Lauch	+						−	+	+				−	+			
Mais							−		−				+	+		+	
Mangold	+			+	+												
Meerrettich																	
Möhren			+	+	+		+							+	+		+
Pflücksalat				+	+	+	+	+			+			+			
Radieschen	+		+									+	+	+			−
Rhabarber			+									+					
Rote Bete			+									−			+	+	
Schwarzwurzeln			+														
Sellerie													+	+			
Sonnenblumen																	
Spargel			+											+			−
Spinat				+	+	+			+				+	+			
Tomaten	+	−	+	+	+		+		+			+			+		
Zichoriensalate	+												+	+			
Zucchini							+						+				+
Zwiebeln	+			−	−		+	+					−	+	+	+	

+ = gute Nachbarn im Gemüsebeet
− = schlechte Nachbarn im Gemüsebeet
+/− = widersprüchliche Erfahrungen

89

Querbeet

Hier werden Obstbäume, Beeren-
sträucher, Wurzel- und Blatt-
gemüse sowie Kohl, Salate,
Zwiebelblumen, Stauden und
Einjährige zu Gruppen zusam-
mengefasst und beschrieben.

Gemüsegarten

Ob großes Gemüsebeet zur Rundum-Versorgung der Familie oder vergnügliche Experimente im Kübel auf dem Balkon: Wer einige Grundregeln beherzigt und dabei den Mondeinfluss berücksichtigt, wird reichlich belohnt.

Das ideale Grundstück gibt es nicht, aber auf jedem Grundstück gibt es den besten Platz für den Gemüsegarten. Ganz falsch ist es, ihn in einer schattigen Gartenecke zu verstecken. Einige Zierpflanzen gedeihen auch im Schatten, Gemüse dagegen braucht grundsätzlich warmen Boden und viel Licht. Stangenbohnen und andere hohe Gemüse gehören an den Nordrand des Gemüsegartens, Spinat und Radieschen dagegen in den südlichsten Bereich. Dadurch wird sichergestellt, dass die hohen Sorten die niedrigen nicht be-

Wer die Fruchtfolge beachtet, hilft damit Schädlingsbefall (hier: Kartoffelkäfer) zu reduzieren.

schatten. Wichtig ist ein Windschutz für die jungen Sämlinge. Hecken und Zäune sind günstiger als Mauern, weil sie den Wind brechen und somit keine Fallwinde entstehen können.

Und wenn nur der Vorgarten all diese Kriterien erfüllt? Kein Problem, setzen Sie sich einfach über Konventionen hinweg. Ein gepflegter Gemüsegarten mit bunten Sommerblumen kann auch repräsentativ sein.

Fruchtfolge

Erfahrungen aus der Landwirtschaft haben gezeigt, dass durch jahrelange Kultur der gleichen Pflanze auf einer Fläche der Boden einseitig ausgelaugt wird und sich nur schwer regeneriert. Auf einem überbeanspruchten Boden können keine robusten Pflanzen gedeihen, folglich erhöht sich das Risiko des Krankheits- und Schädlingsbefalls, die Ernten fallen geringer aus. Aus diesem Grund kehrt man inzwischen zunehmend zu Anbautechniken zurück, die schon im Mittelalter bekannt waren.

Jede Pflanzenart entzieht dem Boden die Nährstoffe, die sie für ihr individuelles Gedeihen braucht. Viele geben jedoch auch Stoffe an den Boden ab. Durch einen regelmäßigen Wechsel der Gemüsearten sorgt man dafür, dass der Boden im Gleichgewicht bleibt.

Mindestens das Abwechseln von Wurzelgemüsen mit oberirdisch wachsenden Gemüsen ist sinnvoll, besser ist

Wer eine vierköpfige Familie mit Gemüse versorgen will, braucht je nach Bodenqualität und Klima 100 bis 250 m² Beetfläche. Aus den durchschnittlichen Ertragsmengen pro Sorte lässt sich leicht errechnen, wie viele Jungpflanzen man großziehen muss.

Gemüse	durchschnittlicher Ertrag
Gurken	1 kg / Pflanze
Tomaten	4 kg / Pflanze
Buschbohnen	0,5 kg / lfd. Meter
Erbsen	0,75 kg / lfd. Meter
Stangenbohnen	3 kg / Pflanze
Rotkohl	1,25 kg / Pflanze
Weißkohl	2 kg / Pflanze
Rosenkohl	0,75 kg / Pflanze
Wirsing	1,25 kg / Pflanze
Kohlrabi	150 g / Pflanze
Spinat	0,5 kg / lfd. Meter
Mangold	0,5 kg / lfd. Meter
Sellerie	300 g / Pflanze
Möhren	1 kg / lfd. Meter
Radieschen	1 kg / lfd. Meter
Rote Bete	1 kg / lfd. Meter
Zucchini	1,5 kg / Pflanze
Zwiebeln	0,5 kg / lfd. Meter
Porree	150 g / Pflanze
Grünkohl	1 kg / Pflanze

noch eine biologisch-dynamische Fruchtfolge, bei der in einem vierjährigen Rhythmus Pflanzen der vier Elementgruppen miteinander abgewechselt werden:

1. Jahr: **Blüte** (z. B. Blumenkohl)
2. Jahr: **Wurzel** (z. B. Möhren)
3. Jahr: **Frucht** (z. B. Zucchini)
4. Jahr: **Blatt** (z. B. Kohl)

Wenn Ihr Gemüsegarten sehr klein und das Einhalten der Fruchtfolge daher schwierig ist, sollten Sie gelegentlich für eine Saison auf ein bestimmtes Gemüse verzichten und dem Boden Ruhe gönnen. Sinnvoll ist es, in dieser Zeit Gründünger zu säen.

Gute Nachbarschaft

Klassische Bauerngärten sehen oft so charmant aus, weil in ihnen Blumen, Kräuter und Gemüse in friedlicher Eintracht gedeihen. Auch hierfür gibt es gute Gründe, die schon unsere Vorfahren kannten. Durch das gezielte Kombinieren bestimmter Arten wird verhindert, dass die Gemüse miteinander um Wasser, Licht und Nährstoffe konkurrieren und sich gegenseitig im Wachstum behindern. Nur so kann sich jede

Eine Einfassung aus bunten Blumen in leuchtenden Farben macht den Bauerngarten attraktiv.

Art optimal entwickeln. Manche Pflanzen brauchen besonders viele Nährstoffe. Pflanzt man nun mehrere Reihen solcher so genannter Starkzehrer nebeneinander, wird dem Beet sehr viel abverlangt, die Nährstoffreserven sind schneller erschöpft, und es muss gedüngt werden. Setzt man andererseits neben eine Reihe Starkzehrer eine Reihe Gemüse mit sehr niedrigem Nährstoffbedarf (Schwachzehrer, *siehe Tabelle*), sorgt man für eine ausgewogenere Ausnutzung der Bodennährstoffe. Und weil sich dadurch die Pflanzen gesünder entwickeln, ist mit höheren Ernten und weniger Krankheiten zu rechnen.

Rhabarber ist ein Starkzehrer.

UNTERSCHIEDLICHER NÄHRSTOFFBEDARF

Starkzehrer	Mittelzehrer	Schwachzehrer
Gurken	Auberginen	Bohnen (Busch- und Stangenbohnen)
Kartoffeln	Brokkoli	
Kohl (fast alle Arten)	Knoblauch	
	Kohlrabi	Erbsen
Kürbis	Mohrrüben	Feldsalat
Mangold	Paprika	Kräuter
Porree	Pastinaken	Winterendivie
Rhabarber	Radieschen	
Sellerie	Rettich	
Tomaten	Rote Bete	
Zucchini	Salate	
	Schwarzwurzeln	
	Spinat	
	Zwiebeln	

Die Mischkultur hat noch einen zweiten Nutzen, der ebenfalls auf alten Erfahrungen beruht: Bestimmte Gemüse und Kräuter schützen sich gegenseitig vor Schädlingen. Die weibliche Möhrenfliege orientiert sich auf der Suche nach einem Platz für die Eiablage mit Hilfe ihres Geruchssinns. Aus diesem Grund sollte man beim Ausdünnen von Möhren-Sämlingen sehr behutsam sein, denn abgeknickte Blätter duften besonders intensiv. Pflanzt man nun neben die Möhren Zwiebeln, so überdeckt der Geruch der Zwiebeln den der Möhren – die Schädlinge finden die Möhren nicht. Aromatisch duftende Kräuter sollten im Gemüsebeet auf keinen Fall fehlen, denn ihr Geruch vertreibt viele Schädlinge und erschwert anderen die Orientierung.

Folgesaaten

Um den Gemüsegarten optimal auszunutzen, sollte man sich nicht damit zufrieden geben, pro Saison eine Gemüseart auf jedem Beet zu kultivieren. Kombiniert man die richtigen Arten, kann ein Beet beinahe rund ums Jahr Erträge bringen. Für jedes Beet wird eine Hauptkultur festgelegt, an der man sich orientiert, um eine sinnvolle Fruchtfolge zur Erhaltung der Bodengesundheit aufzubauen. Für die Vor- und die Nachkulturen müssen die Kri-

Salat eignet sich gut für die Vorkultur.

terien der Fruchtfolge nicht ganz so streng eingehalten werden, doch sollten die verschiedenen Arten einander nicht behindern. Hat man etwa als Hauptkultur Kohl gewählt, sollte man als Vorkultur keinen Starkzehrer säen.

Grundsätzlich ist es sinnvoll, für die Vorkultur Arten zu wählen, die leichten Frost vertragen und frühzeitig abgeerntet werden, z. B. Spinat, Radieschen, Salate, Kohlrabi oder frühe Kartoffeln.

Die Hauptkultur bilden in der Regel langsamer wachsende Pflanzen wie Kohl, Sellerie, Zwiebeln, Tomaten, Gurken oder Kürbis. In Lücken kann man durchaus einige schnell wachsende Gemüse wie Salat oder Kresse setzen, sofern sie die Hauptkultur nicht beengen.

Für die Nachkultur empfehlen sich wiederum Gemüse, die Kälte vertragen und bis in den Winter hinein Erträge bringen, z. B. Porree, Grünkohl, Rosenkohl, Feldsalat, Radicchio, Spinat.

Ernten, Lagern, Konservieren

Bei der Vorbereitung des Lagers sollte man bedenken, dass Äpfel in einem separaten Raum aufbewahrt werden müssen. Sie geben Gase ab, die das Verderben von Kartoffeln, Tomaten und anderen Arten beschleunigen.

❖ Traditionell ist der aufsteigende Mond als ideale Erntezeit bekannt, daher auch die Bezeichnung Erntemond. Meiden

DER MOND

Sollen Obst und Gemüse im Keller eingelagert werden, müssen vor der Ernte die Regale und Kisten gründlich gereinigt werden. Das wird am besten an einem Lufttag (Wassermann, Waage, Zwillinge) bei abnehmendem Mond erledigt.

sollte man allerdings Fische-Tage, weil sie die Fäulnisbildung begünstigen. Auch Krebs- und Jungfrau-Tage sind für die Ernte ungünstig, denn sie fördern die Schimmelbildung.

Obst und Gemüse sollte man bei abnehmendem Mond ernten, weil der Geschmack dann länger erhalten bleibt und sie sich länger lagern lassen. Auch zum Konservieren ist der abnehmende Mond günstig, weil die Gefahr der Gärung geringer ist. Das gilt für das Einkochen ebenso wie für das Ansetzen von Rumtopf und Obstschnäpsen und -likören, für das Entsaften und die Herstellung von Marmelade und Gelee.

Was bei zunehmendem Mond geerntet wird, sollte zügig frisch verbraucht werden. Wer jedoch einmachen will,

Da der Mond auf die verschiedenen Gemüsearten unterschiedlich wirkt, werden sie hier zu Gruppen zusammengefasst beschrieben.

sollte den abnehmenden Mond nutzen und Obst und Gemüse dann lieber etwas vor der Vollreife ernten.

Zum Einfrieren der Ernte ist ein Fruchttag (Löwe, Widder, Schütze) optimal. Das Fruchtfleisch zerfällt beim Auftauen weniger und ist nicht wässrig. Früchte, die getrocknet werden sollen, erntet man vorzugsweise an einem Fruchttag bei abnehmendem Mond.

Kartoffeln, die als Saatkartoffeln verwendet werden sollen, dürfen nicht dem Sonnenlicht ausgesetzt werden, daher gräbt man sie bei Vollmond aus.

Artischocken

Artischocken stellen eine Besonderheit im Gemüsegarten dar, weil sie mehrjährig sind. Das bedeutet, dass man sie nur schlecht in eine biologisch-dynamische Fruchtfolge integrieren kann. Besser ist es, sie bekommen eine Ecke für sich allein. Dieses Blütengemüse ist ausgesprochen dekorativ und kann durchaus auch im Blumenbeet stehen. Damit sie aber schöne, große Blüten bilden, brauchen Artischocken unbedingt einen sonnigen, warmen Standort.

Gesät werden Artischocken bei zunehmendem Mond im März oder April in Schalen auf der Fensterbank. Ab Mitte Mai dürfen sie ausgepflanzt werden. Weil sie mehrere Jahre am selben Platz stehen können, muss der Boden besonders gut vorbereitet werden. Beim Auspflanzen sollte man noch einmal

organisches Material einarbeiten. Günstig ist wiederum der zunehmende
Mond. Vom zweiten Standjahr an kann
von Juni bis Oktober geerntet werden.

Nach einigen Jahren werden die
Knospen kleiner. Dann ist es Zeit, die
Pflanzen auszugraben, zu teilen und an
einen neuen Standort zu setzen. Wie für
alle Stauden ist dafür ein Jungfrau-Tag
im Herbst der beste Termin.

Extra: Manche Artischockenarten treiben Ausläufer. Wer diese abnimmt und
auf einem separaten Beet heranzieht,
kann seinen Bestand verjüngen.

Wurzelgemüse

Diese Gemüsegruppe wächst unterir-
disch und sollte deshalb bei abnehmendem Mond gesät werden. Es liegt
auf der Hand, dass der Boden sehr locker und durchlässig sein muss. Müssen
sich die Wurzeln durch harten Boden

quälen, werden sie krumm und schief.
Und stehen sie zu lange in der Nässe,
faulen sie. Es ist für alle Wurzelgemüse
günstig, wenn der Boden bereits im vor-
herigen Herbst mit Kompost angereichert wurde. Wichtig ist auch ein sonniger Standort, denn die Wurzeln entwickeln sich am besten, wenn der
Boden gut durchwärmt wird.

Eine besonders kurze Kulturdauer
haben Radieschen: Sie sind schon nach
etwa 40 Tagen erntereif. Bei den meisten anderen Wurzelgemüsen liegt die
Kulturdauer bei 100 bis 150 Tagen.

Säen Sie Wurzelgemüse möglichst
dünn, um späteres Auslichten zu vermeiden. Beim Auszupfen werden leicht

Stauden wie Phlox werden an Jungfrau-Tagen geteilt.

Sämlinge verletzt, und der Duft der aus-
tretenden Säfte kann Schädlinge an-
locken. Falls ausgelichtet werden muss,

ist der abnehmende Mond zu bevorzugen. Viel Pflege braucht Wurzelgemüse
nicht. Regelmäßiges Jäten bei abnehmendem Mond ist sinnvoll.

Möhren, Rote Bete und Radieschen
zählen zu den bekannten Wurzelgemüsen. Daneben gibt es aber auch eine
Reihe sehr schmackhafter Speiserüben,
deren Anbau sich durchaus lohnt.

Radieschen und Rettiche isst man
frisch, während sich Wintermöhren
und Rüben recht gut einlagern lassen.
Traditionell legt man sie nebeneinander
in flache Kisten mit trockenem Sand.

Das Wurzelgemüse Rettich ist nicht nur in Süd-
deutschland sehr beliebt. Gerieben oder gekocht
ist er fester Bestandteil der japanischen Küche.

DER MOND

Wenn der Boden gut vorbereitet wurde,
ist in der Regel keine weitere Düngung
nötig. Wer seinen Pflanzen dennoch
einen zusätzlichen Kraftschub geben will,
gießt bei Vollmond oder abnehmendem
Mond mit Beinwellauszug.

Geerntet werden Wurzelgemüse am
besten bei abnehmendem Mond, und
zwar in einem Erdzeichen.

Extra: Pastinaken sind ein altes Gemüse, das zu Unrecht in Vergessenheit
geraten ist. Sie vertragen Frost recht gut
und können sogar im Winter bis zum
Verzehr im Beet bleiben.

Tomaten und Verwandte

Tomaten gehören zur Familie der
Nachtschattengewächse, ebenso wie
Auberginen und Paprika. Kaum eine
andere Pflanzengruppe umfasst so viele
verschiedene Arten und Sorten wie diese, und immer noch kommen neue
Züchtungen auf den Markt. Nachtschattengewächse gehören zu den Lieb-
lingen der Hobbygärtner, weil man sie
problemlos auch in Töpfen ziehen kann.
Alle sind Fruchtgemüse, die bei zunehmendem Mond in einem Luftzeichen
ausgesät, gepflanzt und gepflegt werden.
Die Anzucht aus Samen ist möglich,
einfacher ist es jedoch, Jungpflanzen in
der Gärtnerei zu kaufen.

Tomaten sind mit ihrem hohen Gehalt an Vitaminen, Folsäure und Beta-
Karotin sehr gesund. Sie sind Starkzehrer, die einen nahrhaften und
durchlässigen Boden brauchen. Obendrein sind sie sehr durstig. Ist der Boden
aber zu nass, drohen Pilzerkrankungen
wie Grauschimmel und Krautfäule. In
regnerischen Sommern sollte man an
einem Erdtag einen Regenschutz errich-

ten (z. B. aus transparenter Folie), sonst tritt leicht Braunfäule an den Früchten auf. Eine Besonderheit von Tomaten ist, dass man sie Jahr für Jahr am gleichen Platz ziehen kann. Man sollte das Laub der abgeernteten Pflanzen auf das Tomatenbeet legen und zu Beginn des Frühlings an einem Erdtag einarbeiten.

Die zahlreichen Auberginen- und Paprikasorten stammen aus wärmeren Regionen und sind ausgesprochene Sonnenkinder. Wer kein Gewächshaus hat, darf von diesen Pflanzen keine großen Erträge erwarten. Trotzdem sind sie für experimentierfreudige Gärtner eine Herausforderung.

Extra: Tomaten und Basilikum sind kulinarisch eine klassische Kombination. Aber auch im Garten vertragen die beiden sich gut, weil das Basilikum Schädlinge von den Tomaten fern hält.

Zwiebeln halten viele Schädlinge fern.

Zwiebelgemüse

Alle Mitglieder der großen Zwiebelfamilie enthalten ätherische Öle, die bei der Bekämpfung von Bakterien und Viren hilfreich sind und die Sekretbildung der Schleimhäute anregen. Wegen der ätherischen Öle sind Zwiebelgewächse auch als Schutzpflanzen zur Abwehr von Schädlingen besonders nützlich.

DER MOND

Wenn man sich Erdtage für die Pflege der Zwiebelpflanzen vormerkt, tut man viel für ihre Haltbarkeit.

Die Zwiebelgewächse kann man in Bezug auf die Zuordnung zu den Trigonen *(siehe Seite 11)* in zwei Gruppen unterteilen: Zwiebeln und Knoblauch zählen zu den Wurzelpflanzen, Porree und Frühlingszwiebeln, bei denen ja das zarte, helle Laub im Vordergrund steht, zu den Blattgewächsen. Entsprechend werden sie an einem Blatt- bzw. an einem Wurzeltag gesteckt oder gesät.

Bezüglich des Bodens sind Zwiebelgewächse eher anspruchslos. Sie verlangen durchlässigen, kaliumhaltigen Boden in sonniger Lage. Porree ist ein Starkzehrer und benötigt mehr Stickstoff.

Porree-Jungpflanzen setzt man in Gräben von 20 cm Tiefe, die während des Wachstums immer wieder aufgefüllt werden. Dadurch wird dem unteren Pflanzenbereich das Licht entzogen, es entsteht der zarte, weiße Schaft.

99

Zwiebeln und Knoblauch sind reif, wenn das Laub trocken ist und es beim Anfassen knistert. Geerntet wird möglichst bei abnehmendem Mond. Ziehen Sie die Zwiebeln aus der Erde und lassen Sie sie bei trockenem Wetter auf dem Beet einige Tage abtrocknen. Man kann das Laub flechten und die Zöpfe luftig und schattig aufhängen. Bei Lagerung in Kisten legt man etwas Stroh zwischen die Zwiebellagen.

Über die Kohlreihen kann man feine Netze ziehen, um den Kohlweißling fern zu halten.

Extra: Knoblauch vertreibt verschiedene Schädlinge. Er schützt traditionell Rosen, aber auch Beeren, Gurken, Möhren und andere Zier- und Nutzpflanzen. Nur Kohl und Hülsenfrüchte sollte man als Nachbarn meiden.

Kohlgewächse

Die Familie der Kohlgewächse ist groß und artenreich. Die meisten Kohlarten haben eine lange Kulturdauer (um 200 Tage), außerdem brauchen sie viel Platz. Für drei Kohlköpfe muss man fast einen Quadratmeter Beetfläche reservieren. Zudem sind sie anfällig für die Kohlhernie. Andererseits kommt Kohl auch im Winter frisch auf den Tisch. Er ist vitaminreich und gut lagerfähig.

Mondgärtner ordnen die Kohlgemüse drei Gruppen zu: 1) Die Kopfkohlarten sind Blattgemüse, die folglich an Wassertagen gesät oder gepflanzt werden sollten. Auch Grünkohl und Rosenkohl gehören zu dieser Gruppe.

2) Blumenkohl und Brokkoli sowie ihre verschiedenen, teilweise sehr dekorativen Varietäten sind Blütenpflanzen. Entsprechend ist die Aussaat an einem Blütentag zu empfehlen.

3) Kohlrabi schließlich wird dem Wurzeltrigon zugeordnet und dementsprechend an einem Wurzeltag gesät.

Alle Kohlarten sind Starkzehrer: Sie brauchen einen ausgesprochen nährstoffreichen Boden und müssen eventuell auch bei abnehmendem Mond oder bei Vollmond etwas nachgedüngt werden, jedoch nicht, wenn der Mond im Löwen steht.

Kopfkohlarten, die gelagert werden sollen, bekommen die letzte Düngung in einem Luftzeichen. Geerntet wird Kohl zum Einlagern am günstigsten bei abnehmendem Mond ebenfalls in einem Luftzeichen.

Kohlrabi schmeckt frisch aus dem Beet besonders gut. Sät man in monatlichen Abständen einige Körner aus, kann man die Ernteperiode sehr lang ausdehnen. An Erdtagen sollte man keinesfalls säen, weil dann die Kohlrabi holzig werden. Die saftigsten Kohlrabi erntet man an Krebs- oder Skorpion-Tagen.

Extra: Recht neu auf dem deutschen Markt ist der toskanische Palmkohl (Cavolo nero). Im Aussehen ähnelt er dem Grünkohl, schmeckt aber zarter.

Kürbis, Zucchini und Gurken

Die große Familie der Kürbisgewächse zählt zu den Fruchtgemüsen, die generell an Fruchttagen bei zunehmendem Mond gesät, ausgepflanzt und gepflegt werden. Kürbisse gedeihen am besten, wenn man sie an Löwe-Tagen sät. Die Kürbisgewächse sind frostempfindlich und werden im Haus vorgezogen.

Weil alle Kürbisgewächse Starkzehrer sind, bekommt ihnen von Zeit zu Zeit eine Düngung mit Brennnesseljauche gut. Die Früchte liegen auf der Erde auf und sind daher anfällig für Pilzbefall, den man jedoch durch Spritzungen mit Schachtelhalm-Tee eindämmen kann.

Das sind schon paradiesische Zustände, wenn Sie eine solche Gemüsevielfalt im eigenen Garten pflanzen und ernten können.

Der beste Termin zum Düngen wie auch zum Spritzen sind die Fruchttage im abnehmenden Mond.

Der Nährstoffgehalt von Gurken ist relativ gering, doch sie lassen sich sehr vielseitig verwenden. Zucchini und Kürbis haben einen wesentlich höheren Vitamingehalt. Alle brauchen viel Wasser und sollten unabhängig vom Mondstand regelmäßig gegossen werden.

Vor allem Kürbisse brauchen sehr viel Kraft für die Bildung der großen Früchte. Damit sie aromatisch schmecken, sollte man die Pflanze bei abnehmendem Mond beschneiden und nur zwei bis drei Früchte ausreifen lassen.

Gemüse, die konserviert oder gelagert werden sollen, werden am besten bei abnehmendem Mond geerntet. Zucchini schneidet man bei Vollmond. Die kleinen Früchte schmecken am besten.

Extra: Kürbis-Windlichter mit grob geschnitzten Gesichtern sind als Herbstdekoration oder zu Halloween in jedem Jahr wieder schön.

Tagetes gelten als gute Schutzpflanzen gegen gefräßige Schnecken.

Blattgemüse

In die Gruppe der Blattgemüse gehören neben den Blattsalaten auch Spinat, Mangold und Gemüsefenchel. Es versteht sich von selbst, dass diese Gemüse bei zunehmendem Mond an Blatttagen gesät und gepflanzt werden.

Hobbygärtner schätzen die mit 50 bis 60 Tagen recht kurze Kulturdauer von Salat. Und seit es nicht mehr nur grüne Sorten gibt, macht der Anbau auch optisch Spaß. Kopfsalat kann man ab März ins Freiland säen. Praktischer als lange Reihen sind Folgesaaten in mo-

natlichen Abständen für eine kontinuierliche Versorgung mit Frischkost.

Alle Salate sind Mittel- oder Schwachzehrer. Sie sind mit lockerem, durchlässigem Boden in sonniger Lage zufrieden. Dünger brauchen sie kaum, nur ab und zu an Blatttagen etwas Wasser. Aber Sie sollten auf Schnecken achten!

Auch Fenchel ist bei Schnecken beliebt, doch eine Pflanzung aus Tagetes oder Kapuzinerkresse bietet einen gewissen Schutz. Fenchel hat einen hohen Gehalt an Vitamin C und sollte immer frisch gegessen werden, weil er sich nicht gut lagern lässt.

Spinat braucht feuchteren, humushaltigen Boden. Sommerspinat kann schon nach 30 Tagen geerntet werden, Winterspinat braucht etwas länger.

Mangold ist der einzige Starkzehrer in dieser Gruppe. Er braucht einen nahrhaften Boden und muss an Wassertagen regelmäßig gegossen werden. Zu dicht dürfen die Pflanzen nicht stehen, sonst werden sie leicht von Mehltau befallen. Das Gemüse enthält viel Beta-Karotin, das vor den negativen Einflüssen freier Radikale schützt. Verwertet werden die Blätter und die fleischigen Stiele. Schneidet man jeweils die äußeren Blätter dicht über dem Boden ab, treibt die Pflanze von der Mitte her neu aus. Mangold kann man einfrieren – am besten an Fruchttagen.

Extra: Es gibt Mangold-Arten mit Stielen in leuchtendem Pink, Gelb und Rot, die auch im Blumenbeet hübsch aussehen. Beim Kochen verlieren die Stiele allerdings ihre grellen Farben.

Erbsen und Bohnen

Erbsen und Bohnen, also Hülsenfrüchte, sind Fruchtgemüse, deshalb sollte man für Aussaat, Pflanzung und Pflege die Fruchttage vormerken. Wie alle oberirdisch relevanten Pflanzen sät man sie bei zunehmendem Mond.

Erbsen und Bohnen sind Schwachzehrer und brauchen keinen besonders nährstoffreichen Boden. Wichtig ist jedoch eine gute Durchlässigkeit.

Junge Erbsenpflanzen vertragen leichten Frost, darum ist die Aussaat im Freiland schon ab März möglich. Erbsen unterteilt man in drei Gruppen: Bei Zuckererbsen (Kaiserschoten) isst man die Hülse mitsamt den Kernen; Markerbsen werden stets frisch verbraucht; Schälerbsen kann man frisch genießen oder ausreifen lassen und sie dann für die Lagerung trocknen.

Bohnen sind frostempfindlich und dürfen erst ab Mitte Mai ins Freiland gesät werden. Folgesaaten sind bis Ende Juli möglich. Wer besonders früh ernten möchte, zieht die Pflanzen ab März im Haus vor. Buschbohnen sät man meist in Reihen.

Wer Stangenbohnen ziehen möchte, sollte die Stangen bei abnehmendem Mond stecken. Bei zunehmendem Mond werden dann pro Stange etwa sechs Samen in die Erde gelegt. 60 bis 80 Tage nach der Aussaat sind die Bohnen reif.

Auf dem Teller und auch im Beet gehören Bohnen und Bohnenkraut zusammen. Das Kraut ist die ideale Würze für Bohnen, außerdem vertreibt es Schädlinge. Als direkte Nachbarpflanze soll es sogar das Aroma der heranwachsenden Früchte verbessern.

Erbsen und Bohnen für den Frischverbrauch erntet man bei zunehmendem Mond an einem Fruchttag. Zum Konservieren (auch Einfrieren) pflückt man besser bei abnehmendem Mond. Bohnen zum Einsalzen dürfen nicht an einem Fische-Tag geerntet werden, dann ist die Gefahr der Gärung hoch. **Extra:** Feuerbohnen mit ihren dekorativen roten Blüten gedeihen auch gut in einem größeren Kübel auf dem Balkon. Sie bilden schon in kurzer Zeit einen guten Sichtschutz.

Gelbe Bohnen kann man selten frisch kaufen. Daher lohnt sich ihr Anbau ganz besonders.

Kräutergarten

Kräuter dürfen in keinem Garten fehlen. Sie sind außerordentlich vielseitig zu verwenden, gesund und obendrein sehr dekorativ. Selbst auf einem kleinen sonnigen Balkon kann man einen Kräutergarten in Kästen und Töpfen anlegen. Und wenn sich die ersten Fröste ankündigen, siedeln Sie die empfindlicheren Arten kurzerhand auf die Küchenfensterbank um.

Heute verwenden wir Kräuter überwiegend zum Würzen von Speisen. Seit Urzeiten sind sie aber vor allem wegen ihrer Heilwirkungen bekannt, und die Verwendung als Würzkraut steht damit oft in direktem Zusammenhang. Dass man Kohlgerichte und badischen Zwiebelkuchen traditionell mit Kümmel würzt, rührt daher, dass Kohl und Zwiebeln Blähungen verursachen können, gegen die wiederum der Kümmel wirksam hilft. Beifuß gehört zu den

Zitronenmelisse schmeckt im Sommer ausgezeichnet in kühlem Orangensaft. Auch im Salat kommt der leichte Minzgeschmack gut zur Geltung.

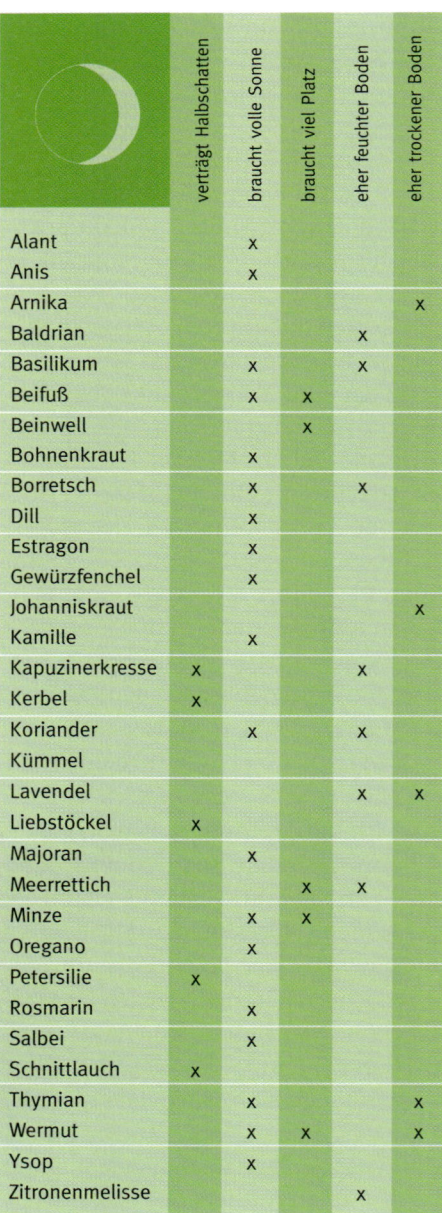

	verträgt Halbschatten	braucht volle Sonne	braucht viel Platz	eher feuchter Boden	eher trockener Boden
Alant		x			
Anis		x			
Arnika					x
Baldrian				x	
Basilikum		x		x	
Beifuß		x	x		
Beinwell			x		
Bohnenkraut		x			
Borretsch		x		x	
Dill		x			
Estragon		x			
Gewürzfenchel		x			
Johanniskraut					x
Kamille		x			
Kapuzinerkresse	x			x	
Kerbel	x				
Koriander		x		x	
Kümmel					
Lavendel				x	x
Liebstöckel	x				
Majoran		x			
Meerrettich			x	x	
Minze		x	x		
Oregano		x			
Petersilie	x				
Rosmarin		x			
Salbei		x			
Schnittlauch	x				
Thymian		x			x
Wermut		x	x		x
Ysop		x			
Zitronenmelisse				x	

Schafgarbe und Goldgarbe (oben) sind eine attraktive Bereicherung für den Kräutergarten.

Wermutgewächsen, die u. a. die Produktion von Magen- und Gallenflüssigkeiten anregen. Aus gutem Grund ist er ein klassisches Gewürz für die fette, schwer verdauliche Weihnachtsgans.

Die Heilwirkungen der Kräuter aus dem Garten können wir uns auch auf andere Art zu Nutze machen. Blüten und Blätter eignen sich als Beigabe zu duftenden Potpourris. Ein Säckchen mit Lavendelblüten unter dem Kopfkissen hilft beim Einschlafen. Salbeitee als Gurgellösung lindert Halsschmerzen. Ein heißes Bad mit einem Aufguss aus Minze und Wacholder wirkt gegen Muskelkater, und wer sich abends noch konzentrieren muss, sollte statt Kaffee einmal einen Rosmarintee mit etwas Honig probieren.

Die meisten Kräuter sind in Bezug auf den Standort recht unkompliziert. Ein warmes, eher trockenes Plätzchen ist fast immer richtig. Nur wenige gedeihen auch im Schatten gut *(siehe Tabelle links)*.

Kräuter aussäen

Für das Säen von Kräutern gelten die Grundregeln der Aussaat nach den Mondphasen: Entscheidend für den optimalen Termin ist jeweils der Teil der Pflanze, der verwertet werden soll. Werden Wurzeln oder Knollen verwertet (Baldrian, Knoblauch, Meerrettich), wird bei abnehmendem Mond an einem Erdtag gesät. Werden Blätter und Stengel verwendet (Basilikum, Petersilie, Rosmarin), wird bei zunehmendem Mond, kurz nach Neumond, gesät. Legt man Wert auf die Blüten (Lavendel, Kamille, Ringelblume, Schafgarbe), wird bei zunehmendem Mond an einem Blütentag gesät. Möchte man Früchte oder Samen ernten (Anis, Kümmel, Fenchel), wird bei zunehmendem Mond an einem Fruchttag gesät.

Kräuterernte

Beim Ernten von Kräutern sollte man wählerisch sein. Pflanzen, die Anzeichen von Schädlingen, Krankheiten oder Schneckenfraß zeigen, sofort entfernen!

Die günstigste Tageszeit für die Kräuterernte ist der Vormittag, sobald der Tau abgetrocknet ist. In der Mittagshitze verdunstet ein Teil der heilkräftigen ätherischen Öle, darum sollte man vor-

105

Wenn Sie die Kräuter in Töpfe setzen, können sie beim ersten Frost ins Haus oder in eine geschützte Ecke auf Balkon oder Terrasse gebracht werden.

her ernten. Schneiden Sie Kräuter stets an einem trockenen Tag. Regnerische und neblige Tage sind ungeeignet, weil die Ernte weniger haltbar ist.

Lediglich Wurzeln werden vor Sonnenaufgang oder nach Sonnenuntergang ausgegraben.

Um die wohltuenden Wirkungen der Kräuter optimal auszuschöpfen, berücksichtigen Sie bei der Ernte auch den Mondstand: Verwendet man sie frisch, ist der zunehmende Mond die richtige Zeit. Eine Ausnahme bildet die Brennnessel, die man besser bei abnehmendem Mond erntet. Will man die Kräuter dagegen trocknen, wird generell bei abnehmendem Mond geerntet, und zwar

im Idealfall an Fruchttagen. Der Vollmond hat für die Kräuterernte eine besondere Bedeutung. Blüten zum Trocknen kann man an einem Vollmondtag schneiden. Wer Wurzeln von Heilkräutern ernten will, gräbt sie in einer Vollmondnacht aus. Wem das zu sehr nach Hexenzauber klingt, der macht sich einfach am sehr frühen Morgen oder in den Abendstunden nach Sonnenuntergang an die Arbeit, denn die Wurzeln sollten möglichst nicht dem Sonnenlicht ausgesetzt werden – sie wachsen schließlich nicht von ungefähr unter der Erde.

Kräuter konservieren

Viele Küchenkräuter lassen sich ausgezeichnet einfrieren. Farbe und Aroma bleiben dabei so gut erhalten, dass die Kräuter wie frisch geerntet schmecken. Die frischen Kräuter werden gründlich gewaschen und in einer Salatschleuder getrocknet oder mit Küchentüchern trocken getupft. Dann streift man die Blätter von den Stielen und gibt sie unzerkleinert in einem Gefrierbeutel in die Kühltruhe. Nach etwa 24 Stunden nimmt man die Beutel heraus und rollt einige Male kräftig mit einem Nudelholz darüber. Jetzt sind die Kräuter streufähig zerkleinert und können portioniert eingefroren werden.

Natürlich kann man Küchen- und Heilkräuter auch auf traditionelle Weise trocknen. Der ideale Trockenplatz ist schattig und gut belüftet, sonnige und zugige Plätze sind jedoch ungeeignet. Der Trocknungsvorgang ist beendet, wenn die Kräuter beim Berühren knistern, aber noch grün sind. Haben sie sich bereits bräunlich verfärbt, sind die ätherischen Öle weitgehend verflogen, und die Pflanzen sind unbrauchbar.

Getrocknete Kräuter dürfen bis zur Verwendung nicht mehr mit Feuchtigkeit in Berührung kommen (auch nicht mit Wasserdampf in der Küche), sonst schimmeln sie schnell. Man zerreibt die getrockneten Kräuter zwischen den Händen über einem großen Blatt Papier und füllt sie dann in luftdicht schließende Gefäße. Schraubgläser sind gut geeignet; sie sollten an einem dunklen Ort aufbewahrt werden. Vergessen Sie die genaue Beschriftung nicht!

Obstgarten

Während der Gemüsegarten ein in sich geschlossener Bereich des Gartens ist, hat der Obstgarten fließende Grenzen. Obstbäume können etwa als Schattenspender auf dem Rasen stehen, Beerensträucher können eine Terrasse einrahmen oder mit anderen Arten eine lockere gemischte Hecke bilden. Lediglich Erdbeeren sollten ein – nicht zu kleines – Beet für sich bekommen.

Obstgehölze pflanzen

Für die Pflanzung von Obstbäumen und -sträuchern gelten die gleichen Regeln wie für alle Laub abwerfenden Bäume: Zunächst muss eine Pflanzgrube ausgehoben werden, die mindestens doppelt so breit wie der Wurzelballen ist. Die Tiefe sollte der Pflanztiefe des Baums in der Gärtnerei entsprechen. Damit die Wurzeln gut Fuß fassen können, wird der Grund der Grube aufgelockert. Junge Hochstämmchen brauchen eine Stütze. Um Verletzungen der Wurzel zu vermeiden, wird sie als erstes in den Boden der Grube gerammt. Wurzelnackte Bäume sollten bald nach dem Kauf in die Erde gesetzt werden.

Bäume und Sträucher im Container wässert man durchdringend, dann nimmt man den Topf oder die Folie ab und lockert den Wurzelballen etwas auf. Das ist vor allem wichtig, falls die Wurzeln verfilzt sein sollten. Wurzelnackte Gehölze sollte man vor dem Einpflanzen 24 Stunden lang in einen Kübel Wasser stellen. Anschließend schneidet man einen Teil der Wurzeln und die Hälfte der oberirdischen Triebe zurück, um den Neuaustrieb anzuregen. Dann die Pflanze in die Grube setzen. Achten Sie bei veredelten Obstbäumen darauf, dass die Veredelungsstelle etwa 10 cm über der Erde liegt. Füllen Sie eine Mischung aus Erde und Kompost in das Pflanzloch – zwischendurch die Schicht immer wieder festtreten. Zum Schluss reichlich Wasser angießen und Mulch auflegen.

Junge Bäume brauchen in den ersten Jahren nach dem Umpflanzen eine stabile Stütze.

Gehölzpflege

Wer seine Obstbäume düngen möchte, sollte im Mai und im November den abnehmenden Mond abwarten. Beerensträucher düngt man ebenfalls bei abnehmendem Mond, jedoch einmal im Spätherbst und einmal bald nach der Ernte. Trotz aller Vorbehalte gegen die Düngung ist sie bei Obstgehölzen gelegentlich sinnvoll, denn die Aufbereitung und Anreicherung des Bodens im Wurzelbereich ist sehr schwierig. Es ist kaum möglich, die Erde unter Bäumen und Sträuchern regelmäßig aufzulockern, denn die Wurzeln breiten sich flach aus und könnten bei der Bodenbearbeitung verletzt werden. Wenn ein Baum in einer Rasenfläche steht, sollte man die Baumscheibe von Gras frei halten und regelmäßig Mulch auflegen, dem z. B. getrockneter Rinderdung als Nährstoffvorrat beigemischt wird. An einem Blütentag Ende April können Sie Kapuzinerkresse auf die Baumscheibe säen. Die Blattläuse lieben die Kresse und stürzen sich buchstäblich darauf – der Baum bleibt auf diese Weise weitgehend von den Schädlingen verschont.

Statten Sie Ihren Gehölzen regelmäßig einen Besuch ab, und kontrollieren Sie sie auf Schädlinge und Krankheiten. Werden Probleme frühzeitig erkannt, sind die Erfolgsaussichten für eine Bekämpfung am besten. Gespritzt wird generell bei abnehmendem Mond.

Gegen die Gespinstmotte hilft ein Brennnesselauszug, gegen Obstmaden ein Wermutauszug, gegen Blattwanzen ein Wermutauszug oder Rainfarntee. Wer Mehltau oder Rost entdeckt, sollte die befallenen Triebe beim nächsten

Stachelbeersträucher werden bei zunehmendem Mond an einem Fruchttag gepflanzt.

Neumond entfernen und anschließend mit verdünnter Brennnesseljauche spritzen.

Gehölzschnitt

Der Schnitt von Gehölzen dient immer mehreren Zwecken. Bei Ziergehölzen geht es hauptsächlich darum, die Form und Größe der Pflanze unter Kontrolle zu halten. Durch den Schnitt wird aber auch der Neuaustrieb und damit in den meisten Fällen die Blütenbildung und der Fruchtansatz angeregt.

Obstgehölze werden geschnitten, damit der Strauch oder die Krone luftig und offen bleibt. Damit sich auf den Früchten keine Krankheiten ansiedeln können, muss die Luft auch im Inneren eines Strauches oder einer Baumkrone ausreichend zirkulieren können. Möchte man Beerensträucher in eine gemischte Hecke pflanzen, muss man aus dem gleichen Grund dafür sor-

WANN WIRD GEPFLANZT?

Alle Laub abwerfenden Bäume und Sträucher pflanzt man am günstigsten während der Ruhezeit, wenn sie kein Laub tragen. Sofern der Boden nicht gefroren ist, kann von Ende Oktober bis Anfang März gepflanzt werden. Bei Containerpflanzen ist die Einhaltung dieses Zeitraums nicht ganz so wichtig.

Obst	beste Pflanztermine
Apfel	Neumond im November zunehmender Mond im März
Birne	Neumond im November zunehmender Mond im März
Aprikose	zunehmender Mond im November zunehmender Mond im März
Pflaume	zunehmender Mond im November zunehmender Mond im März
Kirsche	Vollmond im März
Beerensträucher	zunehmender Mond im Spätherbst oder zeitigen Frühling, Fruchttag Skorpion-Tage meiden!
Erdbeeren	zunehmender Mond in einem Fruchtzeichen
Quitte	Neumond im November zunehmender Mond im März
Pfirsich	abnehmender Mond oder Neumond im November oder März
Nussbäume	abnehmender Mond oder Neumond im November oder März
Ziersträucher und Laubhecken	zunehmender Mond an Zwillinge-Tagen
verholzende Kletterer	zunehmender Mond an Wassertagen

gen, dass die Sträucher keinesfalls zu dicht stehen. Eine solche Hecke eignet sich nur bedingt als Sichtschutz.

Trägt eine Pflanze zu viele fruchtende Triebe, muss sie die verfügbaren Nährstoffe aufteilen. Das Ergebnis sind meist sehr viele, aber kleine Früchte mit relativ wenig Aroma. Die Ernte fällt jedoch leichter, wenn die Äste und Zweige nicht zu dicht stehen.

Bei zunehmendem Mond steigen die Säfte nach oben, Schnittwunden schließen sich schlechter. Darum sollte man möglichst bei Neumond schneiden.

Die meisten Obstbäume schneidet man zwischen Januar und März an einem milden Tag. Bei hartem Frost ist das Holz spröde, und die Gefahr unkontrollierter Brüche erhöht sich. Manche Gärtner schwören darauf, Schnittwunden an Bäumen mit Baumharz zu versiegeln, andere finden diese Maßnahme überflüssig. Wenn ein Baum gesund ist und der Schnitt mit einem guten, scharfen, sauberen Werkzeug zum richtigen Zeitpunkt ausgeführt wird, schließen sich die Wunden meist schnell wieder.

Hinsichtlich des Schnitttermins bilden Kirschen und Pfirsiche eine Ausnahme. Sie tragen hauptsächlich am vorjährigen Holz, darum ist ein Schnitt nach der Ernte im Sommer nötig.

Ob man Bäume jedes Jahr schneiden muss, ist eine Frage der Einstellung. Wer natürlich gärtnert, wird eher dazu neigen, die Bäume wachsen zu lassen

Ein Birnbäumchen wird von einem Netz vor Schädlingen geschützt. Diese vorbeugende Maßnahme macht späteres Spritzen eventuell überflüssig.

und die Eingriffe auf das Notwendigste zu beschränken. Kranke und abstehende Äste müssen jedoch regelmäßig entfernt werden, ebenso Äste, die sich aneinander reiben oder zum Inneren der Krone hin wachsen.

Beerensträucher müssen regelmäßiger geschnitten werden als Obstbäume. Himbeeren fruchten nur am Neuaustrieb, darum werden die alten Ruten nach der Ernte knapp über dem Boden abgeschnitten. Auch schwarze Johannisbeeren tragen die meisten Früchte am einjährigen Holz. Bei diesen Sträuchern nimmt man nach der Ernte die abgeernteten Seitentriebe ab, lässt aber ein Gerüst aus verholzten Ästen stehen.

Rote und weiße Johannisbeeren sowie Stachelbeeren und Jostabeeren tragen am besten am zwei- bis dreijährigen Holz. Ältere Sträucher sollten 8 bis 12 gut verzweigte Äste haben. Alljährlich nach der Ernte schneidet man einige ältere Äste heraus, sodass sich die Sträucher regelmäßig verjüngen.

Was für den Schnitt von Obstgehölzen gilt, lässt sich auch auf andere Bäume und Sträucher anwenden. Dabei sollte man berücksichtigen, welches Merkmal der Pflanze für die Auswahl ausschlaggebend war. Blühende Sträucher wie Forsythie oder Pfeifenstrauch schneidet man am besten bald nach der Blüte. Fruchtende Sträucher wie Feuerdorn oder Berberitze dienen den Vögeln im Winter als Nahrung und sollten darum erst zu Frühlingsbeginn geschnitten werden.

Erdbeeren

Erdbeeren bilden insofern eine Ausnahme unter den Obstpflanzen, als sie nicht an Bäumen oder Sträuchern wachsen. Sie brauchen einen sonnigen Platz in durchlässigem Boden, der jedoch nicht sonderlich nährstoffreich sein muss. Häufiges Düngen ist nicht erforderlich, doch sollte der Boden vor der Pflanzung mit Kompost angereichert werden. Viele Erdbeersorten gedeihen auch gut in Kübeln und Kästen.

Man pflanzt Erdbeeren am besten bei zunehmendem Mond an einem Fruchttag. Um sie vor dem gefürchteten Grauschimmel zu schützen, sollten Sie sie

im Frühsommer an Neumond mit Schachtelhalmbrühe spritzen.

Wichtig ist, dass die Früchte möglichst trocken gehalten werden. Liegen sie auf dem feuchten Erdboden auf, erhöht sich die Gefahr von Pilzbefall erheblich. Aus diesem Grund werden Erdbeerbeete mit einer dicken Mulchschicht aus grob gehäckseltem Stroh abgedeckt, durch das Regenwasser sehr

Erdbeeren schmecken so richtig nach Sommer – auch ohne Zucker und Schlagsahne.

schnell abfließen kann. Die englische Bezeichnung *strawberries* (Strohbeeren) bezieht sich auf diese Praxis.

Da auch Raupen und Schnecken Erdbeeren unwiderstehlich finden, ist es hilfreich, den Beetrand mit einer Bannmeile aus Kapuzinerkresse einzufassen. Die gefräßigen Schädlinge machen sich dann über die Kresse her.

111

Weil Erdbeeren mehrjährig sind, hilft ihnen nach der Ernte (an einem Fruchttag bei abnehmendem Mond) eine Extraportion Kompost, sich gut zu regenerieren, sodass sie im folgenden Jahr viele Früchte tragen.

Rhabarber

Auch der Rhabarber ist ein Sonderfall. Schon die Frage, ob er zum Obst oder zum Gemüse zählt, erhitzt immer wieder die Gemüter. Botanisch ist er den Gemüsen zuzurechnen, kulinarisch wird er zumindest in Deutschland wie ein Obst behandelt und für Kompott und Rote Grütze verwendet.

Rhabarber ist eine mehrjährige Staude, deren fleischige Stiele verwertet werden. Man pflanzt ihn bei zunehmendem Mond an einem Blatttag.

Geerntet wird – je nach Sorte, Temperatur und Lage – von April bis Juni. Nach dem 24. Juni (Johanni) soll man keinen Rhabarber mehr verwerten, weil er dann wegen der erhöhten Säurebildung schwerer verdaulich ist.

Im Spätherbst schneidet man die Blätter samt Stielen auf Bodenniveau ab und lässt sie als Winterschutz über der Wachstumskrone liegen, bis sich die ersten Blattspitzen zeigen. Wegen des hohen Säuregehaltes bleiben die meisten Schädlinge von selbst fern.

Rhabarber ist ein Starkzehrer und braucht viel Platz. Er neigt dazu, anderen Nutzpflanzen Konkurrenz zu machen, darum ist es eine gute Idee, ihm ein kleines Beet für sich allein zu geben. Sogar in einem Blumenbeet sieht er mit seinen gewaltigen Blättern und den roten Stielen dekorativ aus.

In einem Blumengarten zählt nur noch die Schönheit, Nutzen ist nicht mehr gefragt.

Blumengarten

Was wäre ein Garten ohne Blumen? Wenn wir davon ausgehen, dass Gärten zum Genießen angelegt werden, dann sind Blumen zweifelsfrei von größter Bedeutung. Gemüsegärten hingegen werden vorwiegend unter kulinarischen und praktischen Gesichtspunkten angelegt. Beim Blumengarten leben die Menschen andere Aspekte ihrer Persönlichkeit aus. Mancher „komponiert" mit Farben, ein anderer legt einen Garten der Düfte an. Einer liebt akkurate Rabatten mit Pflanzen in Reih und Glied, der nächste bevorzugt das organisiert-verwunschene Chaos eines Dornröschen-Gartens. Die Gestaltung eines Ziergartens ist ein überaus kreativer Prozess, und das Resultat sagt viel über seinen Schöpfer aus.

Alle Blumen, auch die Schattengewächse, sind Kinder der Sonne. Sie blühen nur dann in voller Pracht, wenn sie das rechte Maß an Sonnenlicht bekommen. Und sie unterliegen in ganz besonderer Weise den Einflüssen des Mondes, der das Sonnenlicht reflektiert.

Mit Büchern über Pflanzen für den Ziergarten könnte man meterweise Regale füllen – zu jedem Thema gibt es spezielle Werke. Darum soll hier nur ein kurzer Abriss der verschiedenen Ziergartenpflanzen folgen, bei dem die Einflüsse des Mondes im Vordergrund stehen.

Einjährige Sommerblumen

Bei dieser Pflanzengruppe, die niedrige Polsterformen, hoch wachsende Arten und kletternde Gewächse umfasst, vollzieht sich der Lebenszyklus aus Keimung, Wachstum, Blüte und Samenbildung innerhalb einer einzigen Vegetationsperiode. Die meisten Einjährigen gedeihen am besten an einem sonnigen Standort in durchlässigem, nahrhaftem, aber nicht frisch gedüngtem Boden. Sie verlangen relativ wenig Zuwendung und haben den Vorteil, dass man

Im Gewächshaus kann man schon im zeitigen Frühjahr Sämlinge von Einjährigen ziehen.

sie vielfältig einsetzen kann. Sie eignen sich bestens, um Lücken in Beeten zu füllen, außerdem bieten sie die Möglichkeit, jedes Jahr neue Farbgestaltungen auszuprobieren.

Viele Einjährige kann man ab April direkt ins Beet säen. Damit sie sich gut entwickeln, sollten sie nach der Keimung vereinzelt werden. Wenn man dabei sehr behutsam vorgeht, kann man die ausgezupften Sämlinge an anderer Stelle wieder einpflanzen. Leider

DER MOND

Der ideale Aussaattermin für Einjährige ist der zunehmende Mond, am besten an einem Lufttag, also wenn der Mond in den Zwillingen, in Waage oder Wassermann steht.

sind aber die feinen Wurzeln sehr empfindlich, sodass nicht alle verpflanzten Sämlinge anwachsen. Wer sich früher an den Blüten freuen möchte, sät schon im Februar im Gewächshaus oder auf einer kühlen, hellen (aber nicht zu sonnigen) Fensterbank im Haus. Feine Samen streut man in Saatschalen und vereinzelt sie später. Größere Samen, beispielsweise von Sonnenblumen, legt man einzeln in kleine Blumentöpfe. Ab März sollten die Töpfe mit den Sämlingen tagsüber zur Abhärtung einige Stunden lang an einen geschützten, nicht allzu sonnigen Platz ins Freie gestellt werden, und Mitte Mai können die Pflänzchen ins Beet gesetzt werden.

Bezüglich der Pflege sind Einjährige recht anspruchslos. Um ausreichend Kraft für die unermüdliche Blütenbildung zu haben, benötigen sie eine gelegentliche Düngergabe. Generell sprechen sie auf Pflegemaßnahmen an Lufttagen in der Zeit des zunehmenden Mondes am ehesten an.

Wegen ihres kurzen Lebenszyklus haben Einjährige nur einmal die Möglichkeit, sich fortzupflanzen. Je mehr Samen sie bilden, umso größer ist ihre Chance, Nachkommen zu haben. Um Samen zu bilden, muss eine Pflanze jedoch zuerst einmal blühen – und Einjährige blühen besonders reich. Schneidet man nun konsequent alles Verwelkte ab, hindert man die Pflanze an der Samenbildung. Darauf reagiert sie

DER MOND

Einjährige Blumen für die Vase und zum Trocknen schneidet man am besten bei zunehmendem Mond an einem Lufttag.

durch Bildung immer neuer Blüten. Den gleichen Prozess setzt man in Gang, wenn man regelmäßig frische Sträuße für die Vase schneidet.

Wer Samen für die nächste Saison ernten möchte, sollte gegen Ende der Saison einige Samenstände ausreifen lassen. Bevor sich die Samen ins Beet verstreuen, müssen jedoch die Stiele geschnitten werden. Man bündelt die Stiele mit Gummibändern zu dünnen Sträußchen, steckt sie mit den Samenständen voran in eine Papiertüte und

Pelargonien sind sehr beliebt. Es sind keine „echten" Einjährigen, denn man kann sie auch zurückschneiden und über den Winter bringen.

DER MOND

Zweijährige Blumen sät man am besten bei zunehmendem Mond an einem Blütentag. Ideal ist für die meisten Arten der späte Frühling.

hängt sie dann zum Trocknen an einen schattigen Platz. Wenn sich die trockenen Samenkapseln öffnen, fallen die Samen in die Tüte und können bis zur Aussaat im nächsten Frühling an einem dunklen Platz verstaut werden.

Man kann die Samen auch an der Pflanze ausreifen lassen. Sie fallen dann ins Beet, werden von Vögeln, Mäusen und anderen kleinen Tieren im Garten verteilt. Im nächsten Frühling kann man dann einige Überraschungen erleben.

Zweijährige Blumen

Der Lebenszyklus dieser Pflanzen dauert – nomen est omen – zwei Jahre. Im ersten Jahr keimt der Same, und die Pflanze bildet Blätter. Zum Herbst sterben die Blätter ab, und die Wurzeln überwintern; eine schützende Abdeckung aus Laub oder Fichtenzweigen ist dennoch anzuraten. Erst im zweiten Jahr bildet die Pflanze Blüten und Samen. Viele Zweijährige säen sich bereitwillig selbst aus und besiedeln so über Jahre die gleiche Fläche. Wer die Selbstaussaat unterbinden möchte, schneidet die verwelkten Blütenstände ab, ehe die

Samen ausgereift sind. In manchen Fällen wird die Pflanze dadurch zu einer zweiten, aber schwächeren Blüte angeregt. Am besten sät man Zweijährige auf ein freies Beet oder in einen leeren Frühbeetkasten. Im Herbst sind die Sämlinge herangewachsen und können an ihren endgültigen Standort verpflanzt werden. Ein zweiter möglicher Aussaattermin ist der Spätsommer, denn um diese Zeit fallen die Samen der meisten Arten auch im natürlichen Zyklus zu Boden. Verpflanzt wird dann im kommenden Frühling.

Unter den *Delphinium*-Arten (Rittersporn) gibt es sowohl Ein- als auch Mehrjährige.

Polsterstauden sind nicht nur die hübschesten Bodendecker, sie unterdrücken auch Unkräuter.

Stauden

Stauden sind mehrjährige Pflanzen mit krautigen (= nicht verholzenden) Stielen. Die Formenvielfalt der Stauden ist enorm und reicht von winzigen, krie-

DER MOND

Stauden, die im Sommer blühen, sät man am besten bei zunehmendem Mond an einem Blütentag im zeitigen Frühling im Gewächshaus oder in einem kühlen, hellen Raum im Haus aus. Lichtkeimer werden nur angedrückt, Dunkelkeimer werden mit etwas Erde übersiebt. Mitte Mai werden die Pflänzchen in Einzeltöpfe pikiert, im Herbst können sie an ihren endgültigen Standort gepflanzt werden. Für beide Arbeiten empfiehlt sich ein Erdtag bei abnehmendem Mond, weil die Wurzeln dann schnell Fuß fassen.

chenden Bodendeckern über kletternde Pflanzen bis hin zu mannshohen Gewächsen. Die oberirdischen Teile der meisten Stauden sterben im Herbst ab, die Wurzeln überwintern jedoch und treiben Jahr für Jahr wieder aus. Wie alle blühenden Pflanzen bilden auch Stauden Samen, doch ist die Aussaat mancher Arten schwierig, während sich andere bereitwillig (und manchmal zu stark) selbst aussäen.

Wenn man Stauden aus Samen zieht, muss man sich auf Überraschungen gefasst machen. Die Bienen, die den Pollen von einer Blüte zur anderen tragen, betätigen sich dabei unabsichtlich als Züchter, und häufig wachsen aus Samen Pflanzen heran, die grundlegend andere Merkmale als die eigentliche Mutterpflanze aufweisen.

Wenn das Wurzelwerk der Stauden älter wird, lässt die Blühbereitschaft der Pflanzen nach, viele verkahlen auch von der Mitte her. Dann müssen die Stauden geteilt werden. Man gräbt den gesamten Wurzelballen vorsichtig aus, schneidet die alten Wurzelteile heraus und pflanzt die frischen, jungen Wurzelstücke wieder ein. Bei der Vermehrung durch Teilung des Wurzelballens kann man sicher sein, dass der Nachwuchs in allen Merkmalen mit der Mutterpflanze identisch ist.

Ein guter Zeitpunkt für das Teilen der meisten Stauden ist der Herbst, wenn die Beete für den Winter vorbereitet

Schwertlilien wachsen aus Zwiebeln oder Rhizomen. Diese *Iris barbata* ist eine Rhizom-Staude. Im Rhizom werden Nährstoffe und Energie gespeichert.

Frühlingsblüher: Schneeglöckchen, Krokus, Winterling, Kaiserkrone, Narzisse, Tulpe, Schachbrettblume, Märzenbecher, Traubenhyazinthe, Blausternchen, Zwiebeliris
Sommer- und Herbstblüher: Gladiole, Montbretie, Herbstzeitlose, Kaiserkrone, Zierlauch, Gartenfreesie, Sommeranemone, Begonie, Dahlie, Indisches Blumenrohr

Blüten aus Zwiebeln und Knollen

Mit diesem Thema assoziieren wir meist die ersten Frühlingsblüher wie Schneeglöckchen und Krokusse, doch es gibt eine ganze Reihe sehr dekorativer Zwiebel- und Knollengewächse für fast alle Jahreszeiten. Selbst im tiefsten Winter kann man duftende Hyazinthen im Zimmer heranziehen.

Zwiebeln und Knollen für die Frühlingsblüte steckt man von September bis zum ersten Bodenfrost bei abnehmendem Mond an einem Blütentag

werden. Aber auch im Frühling, wenn sich die ersten Triebspitzen zeigen, ist die Teilung noch möglich. Im Herbst wird die Teilung an einem Erdtag vorgenommen, im Frühling sollte man besser einen Lufttag vorsehen. Damit jedoch die Wurzeln guten Erdkontakt bekommen und die Jungpflanzen sich schnell etablieren, müssen sie gründlich angegossen werden.

Tulpen sind Klassiker unter den Zwiebelblumen.

(ideal ist ein Waage-Tag), denn sie sollen sich noch vor Wintereinbruch im Boden etablieren können.

Zwiebeln und Knollen für die Sommerblüte werden ab Mitte Mai an einem Lufttag bei zunehmendem Mond gesteckt: Sie sollen bald austreiben.

Alle Knollen und Zwiebeln brauchen sehr durchlässigen Boden, sonst neigen sie zur Fäulnis. Die Tiefe des Pflanzlochs sollte etwa der doppelten Zwiebelhöhe entsprechen. Auf leichten Böden setzt man die Zwiebel direkt in das Loch und deckt sie mit Erde ab. Ist der Boden schwer, gibt man unter die Zwiebel eine Schicht Sand. Kleine Zwiebeln kann man in Gruppen pflanzen, größere setzt man besser einzeln. Grundsätzlich muss bei der Pflanzung die Spitze der Zwiebel nach oben zeigen – bei manchen Knollen ist diese allerdings nicht gerade einfach zu erkennen.

Nach der Blüte sollte man das Laub von Zwiebelblumen nicht abschneiden, sondern natürlich abwelken lassen. Auf diese Weise sammelt die Zwiebel schon Kraft für die nächste Blühsaison.

Die meisten Zwiebeln können einige Jahre lang im Boden bleiben. Sie bilden mit der Zeit Tochterzwiebeln und wachsen zu großen Horsten heran. Wenn solche Horste nur noch spärlich blühen, beengen die Zwiebeln einander. Dann muss der Horst ausgegraben und ein- oder mehrmals geteilt werden.

Dahlien, Gladiolen und einige andere Sommerblüher sind frostempfindlich. Sie müssen im Herbst aus der Erde genommen werden und an einem frostfreien, dunklen Platz überwintern.

DER MOND

Eine Düngung mit verdünnter Brennnesseljauche an einem Vollmondtag tut den von der Blütenbildung erschöpften Zwiebeln ebenfalls gut.

Üppiges Grün

Vor allem in schattigen Gartenecken fühlen sich **Funkien, Farne** und andere Gewächse wohl, die vor allem durch ihre Blattfarben und -formen wirken. Auch **Ziergräser** bereichern den Garten durch ihre interessanten Wuchsformen. Sie können jahrelang ungestört an ihrem Platz stehen bleiben und verlangen relativ wenig Pflege, sofern die Bo-

Bei Gräsern sollte man nicht nur an Rasen denken. Viele Arten warten mit schönen Formen und Farben auf – eine attraktive Abwechslung zwischen Blumen.

denqualität ihren Ansprüchen genügt. Letztlich zählt auch der **Rasen** zu den Blattgewächsen, darum sollte man die Wassertage für die Rasenpflege vormerken. Die beste Zeit für die Aussaat ist April bis Juni, und zwar bei zunehmendem Mond an einem Wassertag. Wenn die Hälmchen etwa 8 cm hoch sind, werden sie auf die Hälfte abgemäht. Danach wird in Abständen von zwei Wochen bei abnehmendem Mond gemäht, aber nicht bei Regenwetter. Damit Rasen dicht wächst, braucht er bei Vollmond reichlich Stickstoff.

DER MOND

Gepflanzt, umgepflanzt und geteilt werden Blattgewächse im Herbst an einem Erdtag bei abnehmendem Mond oder im Frühling an einem Wassertag bei zunehmendem Mond.

Mondkalender für das Jahr 2002

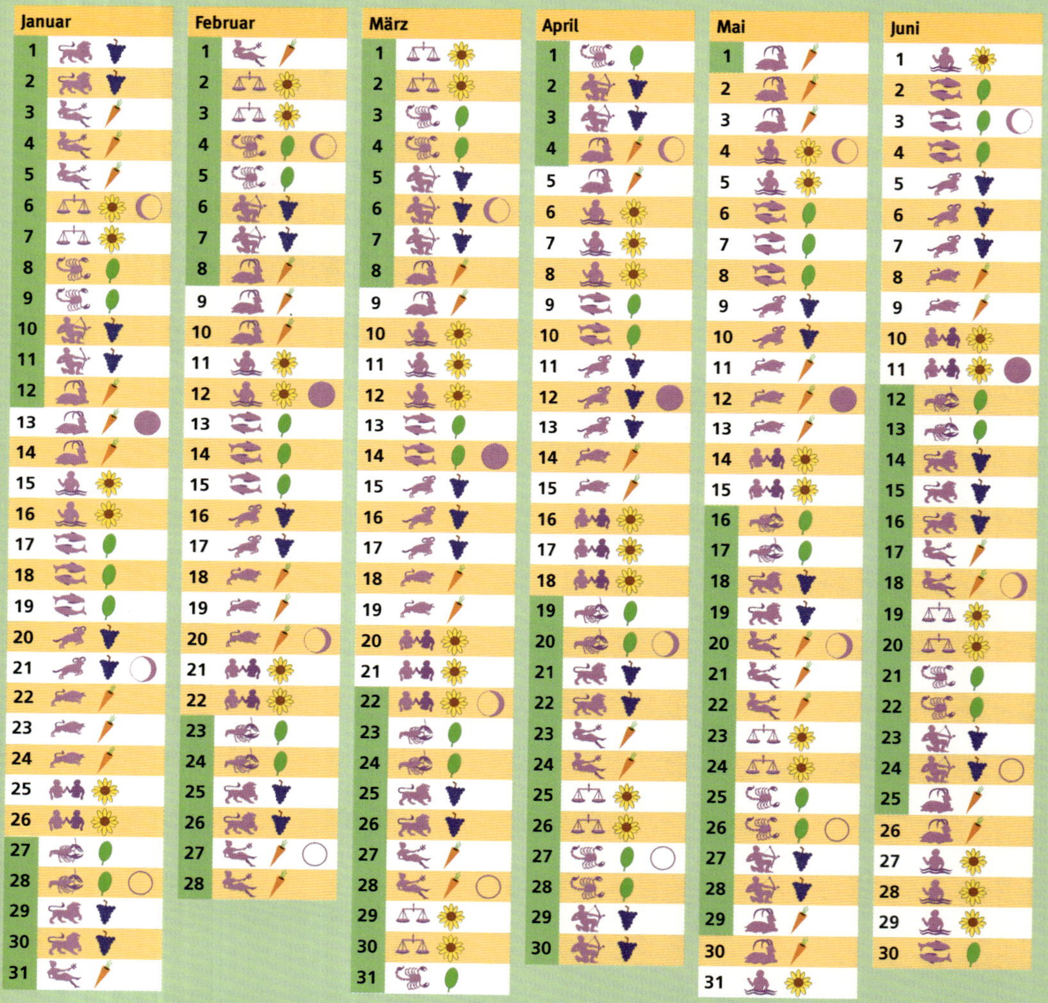

Januar	Februar	März	April	Mai	Juni
1	1	1	1	1	1
2	2	2	2	2	2
3	3	3	3	3	3
4	4	4	4	4	4
5	5	5	5	5	5
6	6	6	6	6	6
7	7	7	7	7	7
8	8	8	8	8	8
9	9	9	9	9	9
10	10	10	10	10	10
11	11	11	11	11	11
12	12	12	12	12	12
13	13	13	13	13	13
14	14	14	14	14	14
15	15	15	15	15	15
16	16	16	16	16	16
17	17	17	17	17	17
18	18	18	18	18	18
19	19	19	19	19	19
20	20	20	20	20	20
21	21	21	21	21	21
22	22	22	22	22	22
23	23	23	23	23	23
24	24	24	24	24	24
25	25	25	25	25	25
26	26	26	26	26	26
27	27	27	27	27	27
28	28	28	28	28	28
29		29	29	29	29
30		30	30	30	30
31		31		31	

Pflanzzeit
Blütentag
Blatttag
Fruchttag
Wurzeltag

Tierkreiszeichen

Steinbock — Stier — Jungfrau
Wassermann — Zwillinge — Waage
Fische — Krebs — Skorpion
Widder — Löwe — Schütze

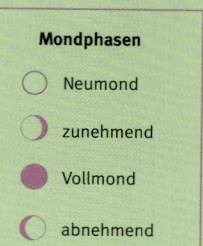

Mondphasen

Neumond
zunehmend
Vollmond
abnehmend

Juli: 1 2 3 4 5 6 7 8 9 10 11 12 13 14 15 16 17 18 19 20 21 22 23 24 25 26 27 28 29 30 31

August: 1 2 3 4 5 6 7 8 9 10 11 12 13 14 15 16 17 18 19 20 21 22 23 24 25 26 27 28 29 30 31

September: 1 2 3 4 5 6 7 8 9 10 11 12 13 14 15 16 17 18 19 20 21 22 23 24 25 26 27 28 29 30

Oktober: 1 2 3 4 5 6 7 8 9 10 11 12 13 14 15 16 17 18 19 20 21 22 23 24 25 26 27 28 29 30 31

November: 1 2 3 4 5 6 7 8 9 10 11 12 13 14 15 16 17 18 19 20 21 22 23 24 25 26 27 28 29 30

Dezember: 1 2 3 4 5 6 7 8 9 10 11 12 13 14 15 16 17 18 19 20 21 22 23 24 25 26 27 28 29 30 31

Diese Tabelle liest man wie folgt: Je nachdem, welche Teile einer Pflanze (Wurzel, Blattwerk, Blüte oder Frucht) für Sie von besonderer Wichtigkeit sind, säen oder pflegen (düngen, gießen, ernten) Sie die Pflanze an einem Tag, für den das entsprechende Symbol steht. Wird im Text eine Arbeit für einen Steinbock-Tag empfohlen, suchen Sie in der Tabelle einfach den nächsten Tag mit einem Steinbock-Symbol. Ist Ihnen das zu speziell oder können Sie es zeitlich einmal nicht genauer einrichten, können Sie sich ganz allgemein an den Angaben zur Pflanzzeit (grüner Balken) orientieren. Die Tage dazwischen sind günstig für die Ernte. Genaueres zu diesen Phänomenen können Sie im Kapitel „Die Sache mit dem Mond" (Seite 6–17) nachlesen.

Übrigens: Der Tierkreiszeichenwechsel vollzieht sich nicht immer genau um Mitternacht, sondern kann zu jeder Tages- und Nachtzeit erfolgen. In der Tabelle ist das Sternzeichen angegeben, dessen Einfluss an diesem Datum tagsüber vorherrscht.

Mondkalender für das Jahr 2003

Januar	Februar	März	April	Mai	Juni

(Kalendertage 1–31 je Monat mit Symbolen für Tierkreiszeichen, Pflanz-/Tagestypen und Mondphasen)

Pflanzzeit	
Blütentag	
Blatttag	
Fruchttag	
Wurzeltag	

Tierkreiszeichen

Steinbock	Stier	Jungfrau
Wassermann	Zwillinge	Waage
Fische	Krebs	Skorpion
Widder	Löwe	Schütze

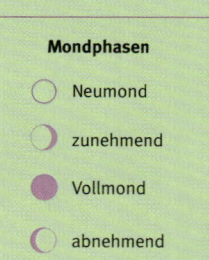

Mondphasen

- Neumond
- zunehmend
- Vollmond
- abnehmend

Juli	August	September	Oktober	November	Dezember
1	1	1	1	1	1
2	2	2	2	2	2
3	3	3	3	3	3
4	4	4	4	4	4
5	5	5	5	5	5
6	6	6	6	6	6
7	7	7	7	7	7
8	8	8	8	8	8
9	9	9	9	9	9
10	10	10	10	10	10
11	11	11	11	11	11
12	12	12	12	12	12
13	13	13	13	13	13
14	14	14	14	14	14
15	15	15	15	15	15
16	16	16	16	16	16
17	17	17	17	17	17
18	18	18	18	18	18
19	19	19	19	19	19
20	20	20	20	20	20
21	21	21	21	21	21
22	22	22	22	22	22
23	23	23	23	23	23
24	24	24	24	24	24
25	25	25	25	25	25
26	26	26	26	26	26
27	27	27	27	27	27
28	28	28	28	28	28
29	29	29	29	29	29
30	30	30	30	30	30
31	31		31		31

Diese Tabelle liest man wie folgt: Je nachdem, welche Teile einer Pflanze (Wurzel, Blattwerk, Blüte oder Frucht) für Sie von besonderer Wichtigkeit sind, säen oder pflegen (düngen, gießen, ernten) Sie die Pflanze an einem Tag, für den das entsprechende Symbol steht. Wird im Text eine Arbeit für einen Steinbock-Tag empfohlen, suchen Sie in der Tabelle einfach den nächsten Tag mit einem Steinbock-Symbol. Ist Ihnen das zu speziell oder können Sie es zeitlich einmal nicht genauer einrichten, können Sie sich ganz allgemein an den Angaben zur Pflanzzeit (grüner Balken) orientieren. Die Tage dazwischen sind günstig für die Ernte. Genaueres zu diesen Phänomenen können Sie im Kapitel „Die Sache mit dem Mond" (Seite 6–17) nachlesen.

Übrigens: Der Tierkreiszeichenwechsel vollzieht sich nicht immer genau um Mitternacht, sondern kann zu jeder Tages- und Nachtzeit erfolgen. In der Tabelle ist das Sternzeichen angegeben, dessen Einfluss an diesem Datum tagsüber vorherrscht.

Mondkalender für das Jahr 2004

Januar	Februar	März	April	Mai	Juni

Pflanzzeit
Blütentag
Blatttag
Fruchttag
Wurzeltag

Tierkreiszeichen

Steinbock — Stier — Jungfrau
Wassermann — Zwillinge — Waage
Fische — Krebs — Skorpion
Widder — Löwe — Schütze

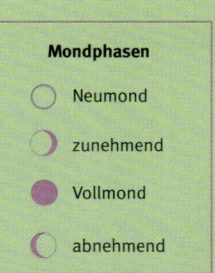

Mondphasen

Neumond
zunehmend
Vollmond
abnehmend

Juli	August	September	Oktober	November	Dezember
1	1	1	1	1	1
2	2	2	2	2	2
3	3	3	3	3	3
4	4	4	4	4	4
5	5	5	5	5	5
6	6	6	6	6	6
7	7	7	7	7	7
8	8	8	8	8	8
9	9	9	9	9	9
10	10	10	10	10	10
11	11	11	11	11	11
12	12	12	12	12	12
13	13	13	13	13	13
14	14	14	14	14	14
15	15	15	15	15	15
16	16	16	16	16	16
17	17	17	17	17	17
18	18	18	18	18	18
19	19	19	19	19	19
20	20	20	20	20	20
21	21	21	21	21	21
22	22	22	22	22	22
23	23	23	23	23	23
24	24	24	24	24	24
25	25	25	25	25	25
26	26	26	26	26	26
27	27	27	27	27	27
28	28	28	28	28	28
29	29	29	29	29	29
30	30	30	30	30	30
31	31		31		31

Diese Tabelle liest man wie folgt: Je nachdem, welche Teile einer Pflanze (Wurzel, Blattwerk, Blüte oder Frucht) für Sie von besonderer Wichtigkeit sind, säen oder pflegen (düngen, gießen, ernten) Sie die Pflanze an einem Tag, für den das entsprechende Symbol steht. Wird im Text eine Arbeit für einen Steinbock-Tag empfohlen, suchen Sie in der Tabelle einfach den nächsten Tag mit einem Steinbock-Symbol. Ist Ihnen das zu speziell oder können Sie es zeitlich einmal nicht genauer einrichten, können Sie sich ganz allgemein an den Angaben zur Pflanzzeit (grüner Balken) orientieren. Die Tage dazwischen sind günstig für die Ernte. Genaueres zu diesen Phänomenen können Sie im Kapitel „Die Sache mit dem Mond" (Seite 6–17) nachlesen.

Übrigens: Der Tierkreiszeichenwechsel vollzieht sich nicht immer genau um Mitternacht, sondern kann zu jeder Tages- und Nachtzeit erfolgen. In der Tabelle ist das Sternzeichen angegeben, dessen Einfluss an diesem Datum tagsüber vorherrscht.

Mondkalender für das Jahr 2005

Januar	Februar	März	April	Mai	Juni

Pflanzzeit
Blütentag
Blatttag
Fruchttag
Wurzeltag

Tierkreiszeichen

Steinbock	Stier	Jungfrau
Wassermann	Zwillinge	Waage
Fische	Krebs	Skorpion
Widder	Löwe	Schütze

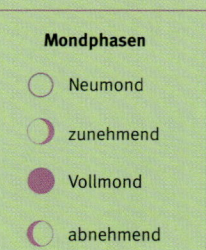

Mondphasen

Neumond
zunehmend
Vollmond
abnehmend

Juli	August	September	Oktober	November	Dezember
1	1	1	1	1	1
2	2	2	2	2	2
3	3	3	3	3	3
4	4	4	4	4	04
5	5	5	5	5	05
6	6	6	6	06	06
7	7	7	7	07	07
8	8	8	8	08	08
9	9	9	9	09	09
10	10	10	10	10	10
11	11	11	11	11	11
12	12	12	12	12	12
13	13	13	13	13	13
14	14	14	14	14	14
15	15	15	15	15	15
16	16	16	16	16	16
17	17	17	17	17	17
18	18	18	18	18	18
19	19	19	19	19	19
20	20	20	20	20	20
21	21	21	21	21	21
22	22	22	22	22	22
23	23	23	23	23	23
24	24	24	24	24	24
25	25	25	25	25	25
26	26	26	26	26	26
27	27	27	27	27	27
28	28	28	28	28	28
29	29	29	29	29	29
30	30	30	30	30	30
31	31		31		31

Diese Tabelle liest man wie folgt: Je nachdem, welche Teile einer Pflanze (Wurzel, Blattwerk, Blüte oder Frucht) für Sie von besonderer Wichtigkeit sind, säen oder pflegen (düngen, gießen, ernten) Sie die Pflanze an einem Tag, für den das entsprechende Symbol steht. Wird im Text eine Arbeit für einen Steinbock-Tag empfohlen, suchen Sie in der Tabelle einfach den nächsten Tag mit einem Steinbock-Symbol. Ist Ihnen das zu speziell oder können Sie es zeitlich einmal nicht genauer einrichten, können Sie sich ganz allgemein an den Angaben zur Pflanzzeit (grüner Balken) orientieren. Die Tage dazwischen sind günstig für die Ernte. Genaueres zu diesen Phänomenen können Sie im Kapitel „Die Sache mit dem Mond" (Seite 6–17) nachlesen.

Übrigens: Der Tierkreiszeichenwechsel vollzieht sich nicht immer genau um Mitternacht, sondern kann zu jeder Tages- und Nachtzeit erfolgen. In der Tabelle ist das Sternzeichen angegeben, dessen Einfluss an diesem Datum tagsüber vorherrscht.

Register